"今"からできる！日常防災

監修
永田宏和
公益財団法人 ボーイスカウト日本連盟

池田書店

はじめに

災害は避けられないが、ダメージは減らせる

この25年の間に、私たちは「阪神・淡路大震災」「新潟県中越沖地震」「東日本大震災」「熊本地震」など何度も大地震を経験しました。そしてこれからも「首都直下地震」や「南海トラフ地震」など同レベルかそれ以上の規模の大地震が発生することが予想されています。

予想されている地震は決して消滅したりしません。必ず、近いうちに起こります。それは地震のメカニズムから見ても明らかです。そして地震大国・日本に暮らすすべての人がそのことを理解し、自分事として認識しておかなければなりません。絶対に起こり得る大地震に対して、備えが不十分な人は、まだまだ多いのではないでしょうか。それは心理学の専門用語である「正常性バイアス」のせいだとよく言われます。「地震が起こってもなんとかなる」「自分だけは大丈夫」、人間はそう考える生き物なのです。しかし、残念ながら災害は、すべての人に分け隔てなく襲いかかります。自分だけは大丈夫、といった特別扱いは決してないのです。

もう一度言います。大地震は近い将来に必ず発生します。それは避けられません。しかし、大地震によるダメージは減らすことができます。あなたとあなたの大切な人たちを守るために、ぜひこの本を参考にして、でき得る最善かつ最大の備えをしてください。

「やっててよかった！」災害時にそう思っていただけることを祈っています。

NPO法人プラス・アーツ　永田宏和

いつもの生活と楽しい遊びがあなたと家族を守る「備え」になる

災害時のために「備える」ことはとても大切なことです。「備える」ことができるものは、モノや情報などのほかにもありますが、普段から、五感を使い、体を動かし、ちょっとしたことを覚えること、習慣化することも「備え」になります。ロープ結びがひとつできるだけで、人の命を救えることがあります。そこで、「備え」ために覚えたいことを実践してみることをおすすめします。

特に自然の中でキャンプをしてみると、そのような体験がたくさんあり、楽しく取り組めます。また、お子さんがいるご家庭であれば、キャンプ中に自分の身の回りのことを自分で行うことにより、子どもたちの生活力をアップさせる機会にもなります。ときに不便や危険なこともありますが、そのようなことを通じて、考え、工夫をするということも身につきます。

ぜひ、週末にキャンプに出かけてみてください。楽しいだけでなく、もしものときの「備え」になります。

公益財団法人　ボーイスカウト日本連盟

本書で扱う災害

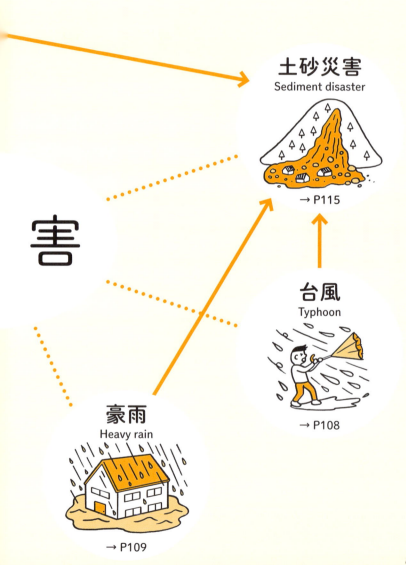

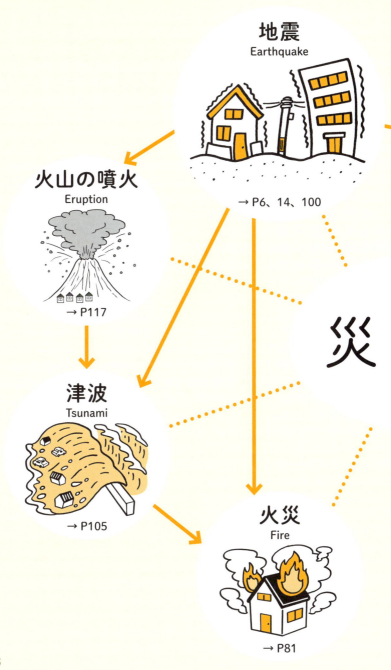

今、私たちは何に対して備えるのか？

日本各地で地震の発生確率が高まっています。いつどこで大きな災害が発生してもおかしくありません。災害時に起こることを知り、その被害を減らすための備えが必要です。

青森県東方沖および岩手県沖北部 M7〜7.5
30年以内発生確率 90%

宮城県沖 M7〜7.5
30年以内発生確率 90%

茨城県沖 M7〜7.5
30年以内発生確率 80%

南海トラフ地震

M8〜9
30年以内発生確率 70〜80%

最大震度7
最大死者数32万3千人[※1]

東海、近畿、四国、九州地方と非常に広域にわたって被害が発生する。特に津波による被害が甚大で、地震発生から最短2分で津波が到達する地域があると予想されている。

首都直下地震

M7
30年以内発生確率 70%

最大震度7
最大死者数2万3千人[※2]

住宅の倒壊、住宅密集地での火災の発生と延焼などが懸念されている。首都圏の機能が停止し、ライフライン、流通システムの麻痺による未曾有の混乱が予想されている。

※1 想定条件は「冬・深夜、風速8m／秒」
出典:「地震災害」内閣府 防災情報のページ

※2 想定条件は「冬・夕方、風速8m／秒」

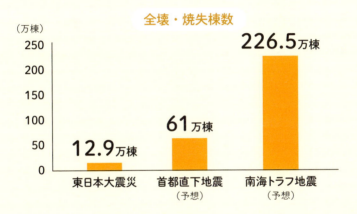
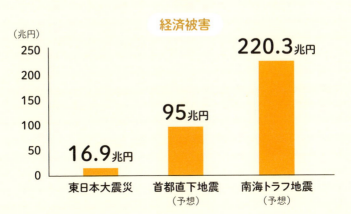

今日起こるかもしれない大地震

南海トラフ地震や首都直下地震だけでなく、青森県東方沖や茨城県沖など、日本各地で地震の発生確率は高まっています。30年の間に70〜90％の確率で発生する可能性があるということは、今日大きな揺れが襲ってきても、何ら不思議ではないということです。

「いつか来るその日」は
「今日」かもしれません
災害への備えは「いつか」ではなく
「今」始めましょう

日常防災3ヵ条

いつでも安全な環境をつくる

地震が来たら出口を確保して、火を消して…といろいろイメージできるかもしれませんが、いざとなると慌ててしまい、体は動きません。災害が発生したときに動くのではなく、常に備えを万全にして過ごすことが防災の基本です。

自分の生活に合わせて考える

いつもの生活と同様に、避難生活に必要なものは人それぞれ異なります。防災バッグのセットを買うのもよいのですが、それはあくまで必要最低限のもの。自分の普段の暮らしの延長として見るとどんな準備がいるのか、想像してみましょう。

楽しみながら防災を取り入れる

災害時のために！とかたく考えるのではなく、すれ違った近所の人にあいさつをする、近所のお祭りに参加する、子どもと一緒に町を探検する、家族でアウトドアレジャーを楽しむなど、日常生活や遊びの中に防災を取り入れます。

目次

はじめに … 2
本書で扱う災害 … 4
今、私たちは何に対して備えるのか？ … 6
日常防災3ヵ条 … 9

第1章 想像する

今日起こるかもしれない大地震 … 8
震度5以上の地震が発生 … 15
建物の外に出るには … 16
電気が消え、突然真っ暗に … 17
水、ガスがストップ … 18
街の環境が変わる … 19
電話はつながらない … 20
どこも行列だらけ … 21
被災地は物資が足りない … 22
病気が蔓延しやすくなる … 23
災害時のことをイメージしてみる … 24

第2章 備える

❶ 家を安全な場所にする

家具の配置 … 28
家具の固定 … 30
ガラスの飛び散り防止策 … 34
感震ブレーカー … 36
家の倒壊の危険 … 38
倒壊危険度の境目は「1981年」… 39
耐震工事 … 40
1部屋だけでも強化 … 41
ドアの耐震化 … 42

❷ 必要なものを携帯する

自宅で被災するとは限らない … 43
いつも持ち歩くグッズ一覧 … 44

❸ 会社に必要なものを備える

会社に備える防災グッズ一覧 … 46

❹ 家に必要なものを備える

避難所でも物資は不足する … 48
食料は1週間分備蓄する … 49
非常時の温かい食事 … 50
ローリングストック法 … 51
飲料水は1週間分備蓄する … 52
水の調達の仕方 … 53
電気・ガス対策 … 54
トイレの備え … 55
非常用トイレは1週間分備蓄する … 56
自作トイレ … 57
体を清潔に保つ方法 … 58
家の備蓄一覧 … 59

❺ 状況によって必要なものを備える

持ち出し袋 … 61
重くない持ち出し袋の作り方 … 62

高齢者に必要なもの一覧 … 63
乳幼児に必要なもの一覧 … 64
ペットに必要なもの一覧 … 65

column1 2章おさらい やることリスト … 66

第3章 知る

❶ 住んでいる地域を知る
- 自分の地域のリスク
- 自宅周辺を見に行く … 72
- 公衆電話 … 74
- 地域の人と話す … 75

❷ 災害時の連絡方法を確認する
- 災害時の情報源 … 76
- 災害時に便利なアプリ … 77
- 連絡方法を決める … 78
- 通信以外の連絡方法 … 79

❸ 自分でできる危険回避法を確認する
- 避難時の最善の行動 … 80
- 地震後の火災 … 81
- 初期消火 … 82
- 消火器の使い方 … 83
- 火災からの逃げ方 … 84
- 街の雰囲気が変わる … 85

❹ 避難所での生活を知る
- 避難所で起こること … 86
- 病気を防ぐ … 88
- ストレスを減らす … 90

❺ 復旧の仕方を知る
- ガスメーターの復帰方法 … 92
- 不要な支出をおさえる … 93
- り災証明書 … 94
- 行政支援の限界 … 95
- 地震保険 … 96

column2 3章おさらい やることリスト … 98

第4章 知識を深める

地震
- 地震は避けられない … 100
- 地震の規模と揺れの強さ … 103
- 地震のサイクル … 104

津波
- 被害が大きい理由 … 105
- 被害を避けるための備え … 106
- 高台に逃げる … 107

風水害
- 台風が来る理由 … 108
- 局地的大雨 … 109
- 自宅を守る備えと対策 … 110
- 災害が起こりやすい場所 … 111
- 災害が起こるときの降水量 … 112
- 浸水したとき … 113
- 警報・避難勧告 … 114

目次

土砂災害
- 備えと警報後の行動 … 115

火山の噴火
- 噴火から身を守る … 117
- 噴火の危険 … 119

column 3
知っておきたい緊急地震速報後の行動 … 120

第5章 身につける

基本の応急手当
- 救急セット … 122
- 止血方法 … 123
- やけどの手当 … 125
- 骨折・捻挫の固定方法 … 126

正しい救助方法
- 救助から一次救命処置 … 127
- 症状別 寝かせ方 … 130

正しい運び方
- 溺れている人を救助 ロープ結び … 131
- 1人でケガ人を運ぶ … 132
- 2人でケガ人を運ぶ … 134
- 即席担架の作り方 … 135
- 136

第6章 やってみる

まずはキャンプに行ってみよう！
キャンプに必要なものの一覧 … 139

テント生活
- 場所選び … 140
- 快適な環境を作る … 141

火をおこす
- 火のおこし方 … 142
- マッチがないときの火のおこし方 … 143

水の確保
- 水の使い方 … 144
- 飲料水を確保する … 145
- 海水を真水にする … 146

キャンプ料理
- アルミ缶で簡易コンロ … 147
- ポリ袋で炊飯 … 148
- アルミ缶で炊飯 … 149
- エコ調理法 … 150

サバイバルアイデア
- 野外トイレを作る … 152
- 救助の呼び方 … 154
- 子どもたちにもアウトドアの体験を … 155

- 自宅避難用備蓄おすすめグッズ … 156
- 家具転倒・落下防止おすすめグッズ … 157

出典・参考文献 … 159

第1章

想像する

大きな災害が発生したとき、自分の周りでどんなことが起こるのか、想像してみましょう。そうすれば、どんな準備や備えが必要か、イメージできるようになっていきます。

災害は、日常のふとした瞬間に起こります。
「そのとき」に何が起こるのか、何が必要かを知っておけば、むやみやたらに怖がることはありません。
災害時にどんなことが起こるのか、まずはイメージしてみましょう。

震度5以上の大きな揺れが襲ってきたら、立っていることすらできません

机の下まで移動することもできないかもしれません。何とか、頭や首の後ろ、手首、足首などの太い血管を守りましょう。

> 揺れてからでは何もできません。できたとしても、身をかがめるくらいが精いっぱいです。自分の体を守るために、事前に何ができるでしょうか。
>
> ▶ "今"できる備えは P28、38 へ

建物の外に出られなくなる可能性があります

ドア枠がゆがみ、ドアが開かなくなることがあります。揺れているときは、出口を確保している余裕はありません。

安全な避難経路を確保するために、何が必要でしょうか。

▶ "今"できる備えは P41、42 へ

家具が折り重なって倒れ、出入り口が塞がれてしまうと、避難の遅れにつながります。

家具の転倒から身を守るために今、何ができるでしょうか。

▶ "今"できる備えはP28へ

普段は到底動かない大きな家具も、凶器となって襲いかかってきます。ケガや、命を奪われる危険があります。

停電で電気が消え、突然真っ暗になることがあり、そのまま1〜2週間停電することもあり得ます

大きな災害時は、停電が発生します。南海トラフ地震の被害が大きい地域では約9割が、首都直下地震では全体の約5割が発災直後に停電すると予想されています。

電気が復旧しない真っ暗な中でも、余震は続きます。南海トラフ地震では復旧まで1〜2週間かかる地域もあると想定されています。

停電軒数

南海トラフ地震（予想）
2710万軒

首都直下地震（予想）
1220万軒

停電が何日も続くとき、どんな備えがあれば生活ができるでしょうか。

▶ "今"できる備えは P54へ

蛇口から水が出なくなります

飲み水はもちろん、お風呂やトイレなどの生活用水も使えなくなります。

水がない中で生活するためにはどんな備えと知恵が必要でしょうか。

▶ "今"できる備えはP52へ

ガスがストップします 復旧に1カ月かかることもあります

お湯を沸かせないと、レトルト食品も満足に食べられません。

ライフラインが止まった中で食事を作るには、何があればよいでしょうか。

▶ "今"できる備えはP54へ

街の環境ががらっと変わります

建物が倒壊すると、周辺にはほこりが大量に舞います。呼吸がしにくく、声が出せないこともあります。

ほこりを吸わないようにするには何があればよいでしょうか。

▶ "今"できる備えは P45 へ

被災地ではさまざまな騒音がしていて、助けを求める声や日常会話の妨げになることもあります。

声が届きづらい環境で、何があればよいでしょうか。

▶ "今"できる備えは P41、154 へ

1 想像する　2 備える　3 知る　4 知識を深める　5 身につける　6 やってみる

電話はつながりません　公衆電話に人が殺到します

電話はつながらなくなります。ネットにもつながりにくくなります。

公衆電話の数は減ってきています。なかなか見つけられないかもしれません。

> 自宅・職場付近で、公衆電話がある場所を知っていますか？
>
> ▶ "今"できる備えはP72へ

公衆電話の前には長蛇の列ができることが予想されます。自分の番が来ても、10円玉がなければ使えないかもしれません。

> 今、財布に10円玉が何枚入っていますか？
>
> ▶ "今"できる備えはP74へ

公衆トイレ、ATM、ガソリンスタンドにも行列ができます

公共のトイレには人が殺到します。水道が止まっている場合、水を流せないのに無理に使用することになり、劣悪な環境になります。

> 我慢できない生理現象に対し、あらかじめどんな準備ができるでしょうか。
>
> ▶ "今"できる備えはP45、55へ

停電が起こるとクレジットカードや電子マネーは使えません。ATMが機能していないこともあります。

> 現金（特に小銭）は持ち歩いていますか？また、当面の生活のために必要なものとは何でしょう？
>
> ▶ "今"できる備えはP44、59、60へ

ガソリンスタンドでは長時間待つことになります。営業しているかどうかもわかりません。

被災地には物資が足りません

避難所では、足りない物資を取り合ってケンカが起こることがあります。スーパーやコンビニからもあっという間にものがなくなります。

どんな食料をどのくらい蓄えておけばよいでしょうか。

▶ "今"できる備えはP49へ

配給の物資はおにぎりやパンなどの炭水化物に偏ります。肌荒れや便秘の原因になります。

アレルギー対応食は届きません

アレルギーのある人は配給の食料を食べられない可能性があります。離乳食や介護食など、特別な食事も、ほぼ用意されないと考えておきましょう。

脳梗塞、肺炎などの病気が蔓延しやすくなります

狭く不衛生な避難所では体に大きな負担がかかります。感染症も広がりやすくなります。

水がないので歯を磨けません。口臭が気になるだけでなく、肺炎などのリスクが高まります。

大災害を生き延びても、その後の生活で体調を崩したり命を落とす事例がたくさんあります。どんな対策ができるでしょうか。

▶ "今"できる備えは P45、58 へ

災害時や
その後の生活で
何が起こるのか、
何が必要なのか、
いくつイメージ
できましたか？

第2章

備える

何が起こるかイメージできたら、命、安全、生活を守るための備えをしましょう。
備蓄は量が足りなければ意味がありません。
具体的な必要量も考えていきます。

首都直下地震、南海トラフ地震では、避難者数に対し、避難所が足りなくなることが予想されています。

避難者数

南海トラフ地震

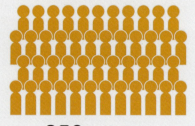

950万人（予想）

首都直下地震

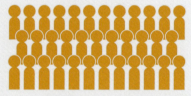

720万人（予想）

東日本大震災

47万人

避難者数は、首都直下地震では東日本大震災の15倍、南海トラフ地震では20倍。避難所は人であふれかえり、物資が行き届かなくなることが予想されています。

自宅避難ができるように備えるのが防災の基本

大規模災害では、避難所のスペースも物資の量も足りません。避難所に行けばなんとかなる、という考えは禁物。避難所には入れないと想定して、あらかじめ準備を進めておくことが大切です。

家具を固定する（P30）

明かりはLEDランタンがおすすめ（P54）

水や食料は使いながら備蓄する（P51）

トイレの備えは必須（P55）

家を凶器にしない対策を（P38）

❶家を安全な場所にする

家具の配置を見直す

地震時の家の中でのケガの原因は、家具の転倒・落下が圧倒的に多くなっています。倒れてくる家具の避け方を考えても、大きな揺れの最中は動けません。あらかじめ家具を凶器にしない対策をしておきましょう。

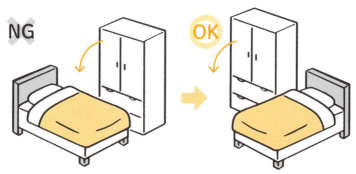

この配置だと背の高い家具が寝ているベッドに倒れてくる。棚の扉が開いて、中のものが凶器となって飛んでくる。

家具が倒れたとしてもベッドには影響のない向きに配置する。

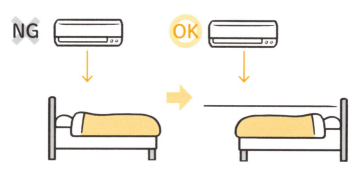

頭の上に落下するおそれのあるものは危険。照明やインテリアの配置にも注意。

最低限、頭の上には何もない状態にする。

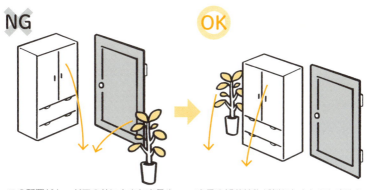

この配置だと、ドアの前に大きな家具や観葉植物が倒れ、出入り口を塞いでしまう可能性がある。

家具や観葉植物が倒れたとしても出入り口の確保に影響のない配置に。

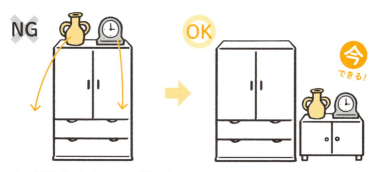

高い位置に置いたインテリアは猛スピードで飛んできたり、落下したりしてケガの原因になる。

インテリアや小物は低い位置に。

重いものを下に、軽いものを上に置くことで落下とケガの危険を減らす。

体験談 寝室のタンスはすべて別の部屋に移しておいたおかげで、夜中の地震でも下敷きにならずに済んだ。

❶家を安全な場所にする

家具を固定する

家具の転倒防止には壁に固定する「ネジ留め」がもっとも効果的です。その中で特に効果が高いのがL型金具。さまざまな種類があるので、部屋の構造と家具に合わせて使い勝手のよいものを選びましょう。

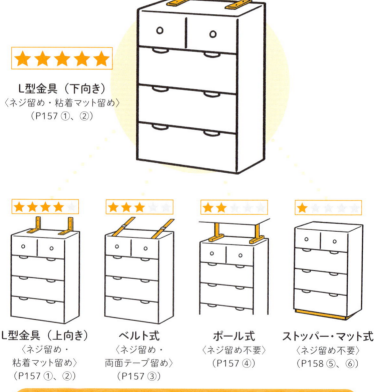

★★★★★
L型金具（下向き）
〈ネジ留め・粘着マット留め〉
（P157 ①、②）

★★★★☆
L型金具（上向き）
〈ネジ留め・
粘着マット留め〉
（P157 ①、②）

★★★☆☆
ベルト式
〈ネジ留め・
両面テープ留め〉
（P157 ③）

★★☆☆☆
ポール式
〈ネジ留め不要〉
（P157 ④）

★☆☆☆☆
ストッパー・マット式
〈ネジ留め不要〉
（P158 ⑤、⑥）

体験談 重いから大丈夫だろうと固定していなかったタンスが動いてしまい、倒れてきて怖かった。

組み合わせて強度アップ

ネジ留めが不可能な場合は、2つ以上のアイテムを組み合わせることで強度を高めることができます。

ポール式 + ストッパー・マット式

すぐできる！身近なもので転倒防止

固定のためのアイテムの準備に時間がかかり後回しになるのを避けるため、家にあるもので代用しましょう。

タンスと天井の間に空のダンボール箱を詰める。ぴったりのものがなくても天井とのすき間が3cm未満であればそのままでOK。

空き箱の底に粘着マットを貼ってタンスと一体化させることが必須。

タンスの下に玄関マットのすべり止めシートを敷いてストッパーにする。

体験談 壁に穴を開けたくないし、アイテムを買うのも面倒と放置していたら、ほとんどの家具が転倒してしまった。

いろいろな固定方法

家具に合わせてさまざまな固定方法があります。

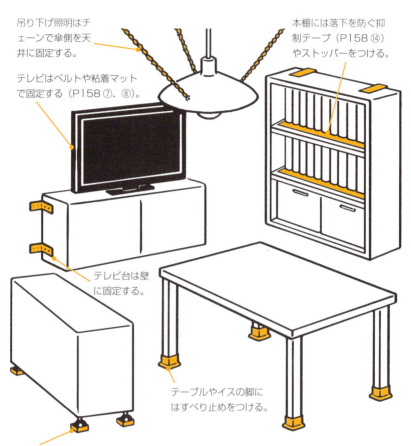

吊り下げ照明はチェーンで傘側を天井に固定する。

テレビはベルトや粘着マットで固定する（P158 ⑦、⑧）。

本棚には落下を防ぐ抑制テープ（P158 ⑭）やストッパーをつける。

テレビ台は壁に固定する。

テーブルやイスの脚にはすべり止めをつける。

キャスターつきの家具は動かさないときはロックし、下皿を敷く。

1人暮らしを始めたり買い替えでこれから家具をそろえる場合は、自分の背丈よりも低いものを選ぶことも、ケガを防止するひとつの対策になります。

体験談 テレビだけを固定してテレビ台を固定していなかったので、台ごと倒れてしまい意味がなかった。

開き戸や引き出しに飛び出し防止のストッパーをつける。ストッパーはワンタッチで外れるもの（P158 ⑩、⑪）や、内側に取りつけるタイプ（P158 ⑫、⑬）などがある。ガラス部分には飛散防止フィルム（P34）を貼る。

食器などの割れものにはすべり止めシートを敷く。

食器を下から中→大→小の順に重ねると崩れにくくなる。

体験談 食器棚は倒れなかったが、中の食器がほぼ落ちて割れてしまって片づけが大変だった。

❶家を安全な場所にする

ガラスの飛び散りを防止する

ガラスが割れる原因は、地震の揺れによる圧力や、ものが当たったときの衝撃。家具や小物類がガラスに当たらない工夫をすることはもちろん、ガラスの飛び散りを防ぐ対策をしましょう。

対策なし

何も対策をしないと、揺れやものに当たった衝撃でガラスが割れ、あたりに飛び散る。ケガをする危険があるだけでなく、避難の妨げにもなる。

今できる！

ガラス飛散防止フィルムを貼る

飛散や落下の防止には、フィルムを貼るのが効果的。小さな窓や、戸棚のガラスも忘れずに。

カーテンを閉めておく

飛散防止にはカーテンを閉めておくのも手段のひとつ。夜間はドレープカーテン、昼間はレースのカーテンでも OK。

ガラスを替える

ものが飛んできても貫通しにくく、ガラスの破損と飛散を最小限におさえる「合わせガラス」。大きな窓だけ替えても。

家具がぶつかるのを防ぐ

家具が当たってガラスが割れないように、家具の配置の見直しや、転倒への対策を。窓の近くの植木鉢なども危険。

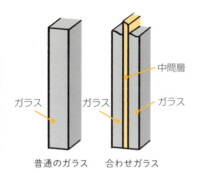

寝室は特に要注意

今できる！

暗闇の中で無防備な状態となる寝室は特に注意が必要です。寝ている間にガラスでケガをする危険を防止し、足元の安全を確保しましょう。

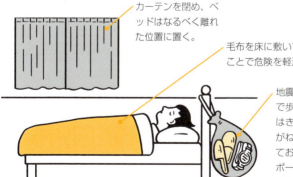

カーテンを閉め、ベッドはなるべく離れた位置に置く。

毛布を床に敷いてその上を歩くことで危険を軽減する方法も。

地震後の室内をはだしで歩くのはとても危険。はきものやライト、めがねを枕元に必ず置いておく。巾着に入れてポールなどに掛けておくとよい。

体験談 家中がガラスの破片だらけで、足の踏み場がなかった。ベッドサイドや脱衣所にははきものが必要だった。

❶家を安全な場所にする
感震ブレーカーを設置する

地震時の火災の半数以上が電気による火災です。ブレーカーを落としてから避難すべきですが、実際はそこまで頭が回りません。外出時や感電防止のためにも、感震ブレーカーがあると安心です。

阪神・淡路大震災の火災の原因※

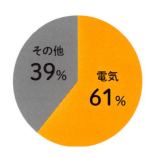

出火原因が不明の火災を除くと、139件中85件が電気を原因とした火災だった。

震災時の火災発生例

停電後、電気機器のスイッチを切り忘れたまま避難
↓
電力が復旧
↓
スイッチを切り忘れていた機器に通電し、ドライヤーや電気調理器などから発火
／
地震で倒れた機器や傷ついた電気コードがショートし火花が出て燃え移る

感震ブレーカーの種類

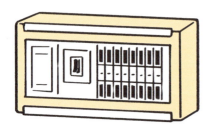

分電盤タイプ

家のすべての電気を遮断できる。センサーが揺れを感知したら3分間警報音が鳴り、その後、自動的に遮断。分電盤にセンサーが内蔵された「内蔵型」と、感震機能を外づけする「後づけ型」があり、ともに工事が必要。

※出典：「感震ブレーカー等の性能評価 ガイドライン」内閣府

コンセントタイプ

コンセントに内蔵されたセンサーが揺れを感知し、電気を遮断。壁面などに設置する「埋め込み型」（要工事）と、既存のコンセントに差し込む「タップ型」（工事不要）がある。コンセントごとの設置が必要で、未設置のコンセントは電気が遮断されないので注意。

簡易タイプ

分電盤に取りつけるタイプ。おもり玉が落下してスイッチを切る「おもり玉型」とバネの作用を利用した「バネ型」がある。工事は不要で、自分で取りつけが可能。ホームセンターや家電量販店などで購入できる。

ブレーカーオフ時の明かりの確保を忘れずに

地震直後、暗闇でものが散乱した中を移動するのは非常に危険です。感震ブレーカーとともに、足元灯を備えておきましょう。普段はコンセントに差して充電しておき、停電や地震を感知したときに点灯するタイプのものがあります。

体験談 揺れで水槽の水がこぼれて、コンセントがショートしてしまった。外出中だったら火事になっていたと思う。

❶家を安全な場所にする
家の倒壊の危険を知る

南海トラフ地震では 226 万棟以上の建物が倒壊・焼失し、建物の倒壊による死亡者は最大約 5.9 万人と想定されています。今一度、自宅の耐震性を確かめましょう。

建物の倒壊・焼失数

阪神・淡路大震災の死亡原因※

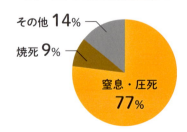

阪神・淡路大震災では古い木造住宅をはじめ鉄筋コンクリート造の建物も倒壊し、多くの人が犠牲になった。早朝の地震で、就寝中に生き埋めになるケースも多かった。

※出典:「人口動態統計からみた阪神・淡路大震災による死亡の状況」厚生省（当時）

❶家を安全な場所にする

倒壊危険度の境目は「1981年」

現在の建物は旧耐震基準、新耐震基準、2000年基準のいずれかに基づいて建築されています。建築を許可する「建築確認済証」の交付日が1981年6月より前の場合、震度5以上の地震で倒壊の危険性が高いので、築年数が不明なら不動産会社などに確認してみましょう。

建築基準法

〜1981年5月	旧耐震基準。震度5強程度の中規模地震が起こった場合、建物が倒壊、あるいは崩壊しないことを規定。震度6〜7程度の大規模地震に対する基準は特に定められていない。
1981年6月〜	新耐震基準。震度5強程度の中規模地震が起こっても建築材がほとんど損傷を受けないこと、震度6〜7程度の大規模地震が起こっても、倒壊、あるいは崩壊しないことを規定。
2000年8月〜	2000年基準。木造建築物の耐震基準がより厳格化。新築時の地盤調査が義務化されたほか、耐力壁の量や配置バランスの強化、筋交いや柱を固定する金具の種類の明確化などを規定。

不安だと思ったら耐震診断を

壁にひびが入っている、増改築を2回以上行っている、1981年5月以前に建てたなど、自分の家の耐震性に不安を感じたら、建築士などの専門家に耐震診断をしてもらいましょう。地方自治体による助成制度もあります。

> 基準はOKでも、経年劣化などで危険が生じていることも

体験談 家が倒壊したので、備えてあった食べ物や防災グッズを取り出せなかった。

❶家を安全な場所にする

耐震工事をする

壁のバランス改善と強度のアップを主として、柱や土台の改善、接合部の補強などを行うのが耐震工事です。耐震診断の結果に基づき、助成制度も検討しながら内容を決めましょう。

- 屋根の軽量化
- 基礎の改修
- 耐力壁の増設
- 接合金物の設置
- 劣化した柱・土台の改善

まずは役所に相談・情報収集する

地方自治体では、建物の耐震化に関するさまざまな相談を受け付けています。まずは各自治体の窓口で相談してみましょう。

日本建築防災協会　耐震支援ポータルサイト ▶ http://www.kenchiku-bosai.or.jp/seismic/
耐震診断、改修のための支援制度や、各自治体の相談窓口情報を閲覧できる。

❶ 家を安全な場所にする

1部屋だけでも強化する

家全体の工事が無理でも、1部屋に「耐震シェルター」を設置することは比較的容易で、住みながらでも施工が可能です。住宅が倒壊したとしても、一部の空間は守られます。助成金が出ることもあるので、各自治体やリフォーム会社に相談してみましょう。

よく使う部屋をシェルター化して、助かる確率を高める

完璧な耐震化は無理だからといって、何もできないと諦めてはいけない

万が一のためのSOSツールを用意する

今できる！

家の補強をしていたとしても、自然を前にして「絶対」はありません。外出時に古い建物で被災してしまった場合などにも備え、助けを呼ぶための道具を携帯しておきましょう。

スマートフォンにSOSアプリを入れておく。

ホイッスルを身につける。

❶家を安全な場所にする

ドアを耐震化する

地震で建物がゆがむと、同時にドア枠もゆがみます。ドアが開かないことで二次災害にもつながります。揺れている最中にドアを開けに行く余裕はないので、事前に耐震丁番に取り替えておくのがベストです。

ドアが開かなくなる原因

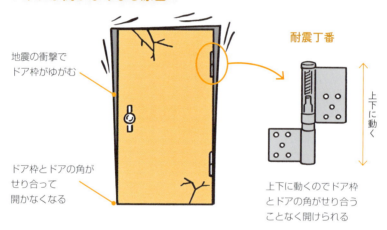

地震の衝撃でドア枠がゆがむ

ドア枠とドアの角がせり合って開かなくなる

耐震丁番

上下に動く

上下に動くのでドア枠とドアの角がせり合うことなく開けられる

最終手段はバールでこじ開ける

どうしてもドアが開かないときは、バールでこじ開けましょう。家具の下敷きになった人を救助する際にも、家具を壊すのに役立ちます。女性や高齢者でも扱いやすい軽量タイプも販売されています。

バール

❷ 必要なものを携帯する

自宅で被災するとは限らない

会社や学校、百貨店や遊園地など、いつどこで被災するかはわかりません。帰宅できないことも十分あり得ます。東日本大震災では震源から離れた首都圏でも多くの帰宅困難者を出しましたが、首都直下地震ではその数の約1.5倍になると予想されています。

帰宅困難者数※

持っているものやその場にあるもので落下物から頭を守る。

※東日本大震災は東京都、神奈川県、千葉県、埼玉県、茨城県南部のデータ
首都直下地震と南海トラフ地震のデータは当日中に帰宅困難な人の想定値

❷必要なものを携帯する
いつも持ち歩くグッズ一覧

常に持ち歩きたい、防災に役立つグッズです。空腹や寒さ、感染症などから身を守るために必要なものです。水とシリアルバー以外はコンパクトにまとめられるので、いつものポーチなどに入れておきましょう。

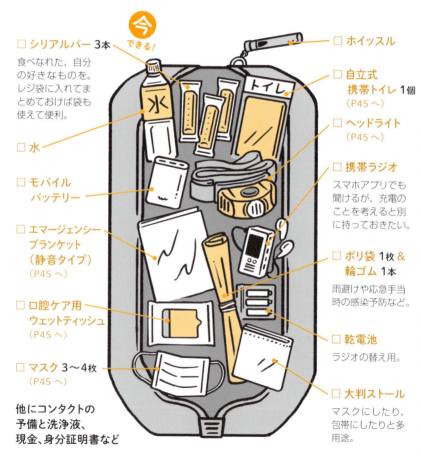

今できる！

□ シリアルバー 3本
食べなれた、自分の好きなものを。レジ袋に入れてまとめておけば袋も使えて便利。

□ 水

□ モバイルバッテリー

□ エマージェンシーブランケット（静音タイプ）（P45へ）

□ 口腔ケア用ウェットティッシュ（P45へ）

□ マスク 3〜4枚（P45へ）

他にコンタクトの予備と洗浄液、現金、身分証明書など

□ ホイッスル

□ 自立式携帯トイレ 1個（P45へ）

□ ヘッドライト（P45へ）

□ 携帯ラジオ
スマホアプリでも聞けるが、充電のことを考えると別に持っておきたい。

□ ポリ袋 1枚 & 輪ゴム 1本
雨避けや応急手当時の感染予防など。

□ 乾電池
ラジオの替え用。

□ 大判ストール
マスクにしたり、包帯にしたりと多用途。

口腔ケア用ウェットティッシュ

水がなくても口内の衛生を保つ

口内が不衛生だと感染症にかかりやすくなる。口に入れても害のないノンアルコールタイプのウェットティッシュで、手や体にも使えるものがおすすめ（口腔ケア用と書かれていないことも）。子どもや高齢者には特に必須。

(推奨品：「エピスタプロプル やさしいウェットティッシュハンディタイプ／有限会社エピスタ」)

エマージェンシーブランケット／自立式携帯トイレ

野外トイレの目隠しに

駅などのトイレが使えない状態でも、ブランケットで体ごと覆って目隠しをすれば、自立式の携帯トイレで用を足せる。避難所ではちょっとした雑音でトラブルになるので、ブランケットは静音タイプがおすすめ。

(推奨品：「エマージェンシーブランケット（1人用）／スター商事」(P156⑥)、「QQTOILET／多摩川クラフト」)

マスク

ほこりをカット

建物の倒壊や人の移動などでほこりが舞っている。マスクは必ず3〜4枚持ち歩き、使ったら補充する。防じんマスク（P119）であればなおよい。

ヘッドライト

両手をあけるのが大原則

災害時は、両手をあけておくことが鉄則。懐中電灯ではなくヘッドライト（P156⑧）を使う。持ち運びに負担がかからないよう、コンパクトなものを。

> **体験談** 防災グッズはすべて家に置いてあり、外出先で被災したときにまったく使えなかった。

❸会社に必要なものを備える
会社に備える防災グッズ一覧

帰宅が困難な場合、3日間は会社で待機できるように、自分用の防災グッズを会社に準備しておきましょう。非常食や水は会社の備蓄や提供品がある場合が多いので、ひとまず1日分を用意します。会社から支給されているグッズがあれば中身と使い方を確認し、足りないものがあれば自分で追加しましょう。

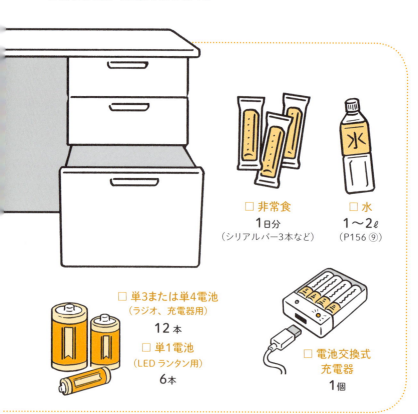

□ 非常食
1日分
（シリアルバー3本など）

□ 水
1〜2ℓ
（P156 ⑨）

□ 単3または単4電池
（ラジオ、充電器用）
12本

□ 単1電池
（LEDランタン用）
6本

□ 電池交換式充電器
1個

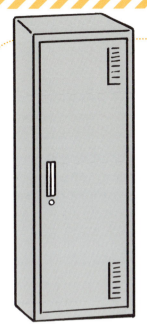

- □ ヘルメット **1**個
- □ レインコート **1**着
- □ LED ランタン **1**個（P156 ⑦）

- □ 非常用トイレ **10**枚（P157 ⑯）
  自宅備蓄用の吸水シートタイプがおすすめ。

- □ エマージェンシーブランケット（静音タイプ）**1**枚（P156 ⑥）

- □ 生理用品 **1**パック（32枚）
- □ 下着、靴下 **3**日分

- □ 歩きやすい靴 **1**足

- □ 常備薬 **3**日分

―― ❹家に必要なものを備える ――

避難所でも物資は不足する

ライフラインの停止、自治体機能の麻痺、通信の断絶などにより、避難所に届く物資は大幅に不足すると考えられます。また、被災地のスーパーやコンビニでは被災直後にものがなくなる可能性があります。

被災地での食料不足

首都圏などの広い範囲が大きな被害を受けると、被災地外の地域の流通や生産機能にも影響が出ることが予想され、周辺からの支援では十分に物資をまかなえない可能性がある。

南海トラフ地震
1週間で
9600万食
不足
（予想）

首都直下地震
1週間で
3400万食
不足
（予想）

❹家に必要なものを備える

食料は1週間分備蓄する

自宅に備蓄する食料は、1週間分を目安に。災害時は、1〜3日目までは冷蔵・冷凍していた食品を、そのあとは備蓄しておいた常温の保存食品を食べるなど、順番も工夫しましょう。

※停電時はクーラーボックスと保冷剤（P54）で要冷蔵の食品を保管する。

買いおきの中から普段の食事を作る

レトルト
主食に向く食品が多く、種類も味も多種多様。好みの味、食べられる食品を用意しておけば安心。

フリーズドライ
みそ汁や麺類など種類が豊富。できるだけ野菜が多いものを選んで。普段から飲んでいるなら粉末の青汁なども便利。

乾物
切干し大根やのりなどの乾物は、ミネラルや食物繊維が豊富。栄養の偏り防止のためにもぜひ用意したい。

冷凍食品
自然解凍で食べられるおかずが便利。普段から作りおきを冷凍保存しておくとよい。

❹家に必要なものを備える

非常時の温かい食事の重要性

いつも同じ味、炭水化物ばかり、口に合わない、冷たい…、支給される食料は種類に限りがあります。心と体のためにも、災害時こそ温かくておいしい食事をとれるように備えましょう。

うっかり確認を怠ると、いざというとき賞味期限が切れていることも。

お気に入りの味を非常食に

災害時にはじめて食べたら口に合わなかった、ということがないように、普段から自分のお気に入りの味の食品をストックしておきます。飲みなれているサプリなども非常食となるので、いつも多めに保管して、使った分を補充します。これを「ローリングストック法」（P51）といい、新たな非常食のあり方として定番になりつつあります。

| 体験談 | おにぎりや冷たいお弁当が続き、温かいものが食べたかったが、ぜいたくだと思って言い出せなかった。 |

❹家に必要なものを備える

ローリングストック法で おいしい防災食

備蓄は特別なものと考えず、日常生活に組み込みます。レトルト食品や水、日用品など、普段使っているものを常に多めに家に置いておき、使った分だけ買い足す「ローリングストック法」がおすすめです。この方法なら、好みの味の食品を日常的に備蓄できます。

普段使いする

多めに買う
（使った分を買い足す）

今 できる！

保管する

賞味期限はあまり長くないので注意！
使った分だけ必ず補充することを忘れずに！

❹家に必要なものを備える

飲料水は1週間分備蓄する

過去の大震災では、断水が3日から数週間にも及びました。南海トラフ地震では3440万人が断水の被害を受け、1週間後でも1740万人の被害が継続していると予想されています。のどの渇きは脱水症状のサイン。1週間分は用意しておきましょう。

・飲料水

1人 **2ℓ × 7本**

（1日2ℓ※ × 1週間）

※食事から得る1ℓ、体内生成分0.3ℓと合わせて、1日の排出水分量2.5ℓ（成人男性の場合）を補う必要がある。料理に使用する分も含めて1人最低2ℓは用意する。

容器にためておく

ペットボトルやポリタンクなどの容器には、普段から水道水を入れておく。3日に1度取り替えておくと飲料水として利用できる。ただし、浄水器を通した水は塩素による消毒効果がないので毎日取り替えを。これらの容器は水の運搬にも使えるので、必ず用意しておきたい。

お風呂の水をためておく

お風呂の水は生活用水に使えるので、入れ替えるタイミングまで抜かずにとっておき、常に空にしないようにする。ただし、揺れであふれないように6割くらいの量がよい。

❹家に必要なものを備える

水が足りなくなったら こうして調達する

断水した場合、自衛隊の給水車や応急給水拠点で水が配られます。新鮮な水が確保されているため飲料水として使えます。空のペットボトルやポリタンクを忘れずに持参し、水を入れてもらって持ち帰ります。

近くの応急給水拠点を知っておく

災害などの断水時に開設され、水を入れる容器を持っていくと給水を受けられる。地域ごとに定められているので、自宅から近い拠点を知っておく。水道局のホームページなどから確認できる。

マンションは給水方法を確認！

マンションは水道管から受水槽にためた水をポンプを使って各戸に排水しているため、停電するとポンプが使えず、水もストップしてしまう可能性が高い。ただし、非常用給水栓から水を汲めることがあるので、自宅マンションの設備がどうなっているのかを事前に確認しておきたい。

ポリ袋+バケツ

ポリ袋+リュック

ポリ袋で清潔に

ポリ袋も清潔な容器になる。口をしっかり縛り、バケツやリュックに入れれば、重い水も楽に運べる。

戸建て住宅は台車が便利

ダンボール箱にゴミ袋を二重に被せ、台車で運ぶ。持ち帰ったあともダンボール箱に入れたままゴミ袋の口を開くと水ガメになり、ボウルなどで水を汲める。

ゴミ袋+ダンボール箱+台車

体験談 地震の直後にポリタンクなどの水を運べる道具はお店から消え、手に入れるのが大変だった。

❹家に必要なものを備える

電気・ガスがなくても大丈夫

南海トラフ地震では、停電の9割が解消されるまでに1週間、都市ガスは大部分の供給が開始されるまでに1ヵ月かかると予想されています。備蓄食品を利用するには、ライフライン停止への備えも必要です。

ガスボンベは毎日お湯を沸かして調理する想定で、2〜3日で1本消費する。使用期限は6〜7年なので、普段も使いながら買い足すローリングストック法（P51）がおすすめ。

・カセットコンロ
1家庭 **1** 台

・ガスボンベ
1家庭 **15〜20** 本
（2〜3日で1本×1ヵ月）

・クーラーボックス
1家庭 **1〜2** 台

・保冷剤（大）
1家庭 **1〜2** 個

クーラーボックスに保冷剤を入れれば簡易冷蔵庫に。大きな保冷剤（P157 ⑭）なら1〜2個、小さい保冷剤なら10個以上冷凍庫に入れておく。

暗闇の中、余震に襲われるのは不安。誰かが持って移動したら真っ暗、とならないように最低でもリビング、キッチン、トイレにはランタンを置くようにする。

・LEDランタン
1家庭 **3** 個
（リビング、トイレ、キッチン）

体験談 ガスボンベがすぐに足りなくなってしまった。もっと数を用意しておくべきだった。

❹家に必要なものを備える

トイレの備えは必須

下水道が損傷すると、復旧までに約1ヵ月かかる場合があります。非常時でも、トイレは我慢できません。使用不可のトイレで用を足すことで、公共のトイレは劣悪な環境になります。必ず非常用トイレの準備を。

被災地に仮設トイレが設置されるまで※

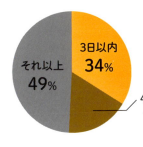

- 3日以内 **34%**
- 4〜7日 **17%**
- それ以上 **49%**

3日以内に仮設トイレが行き渡ったのはわずか3割
東日本大震災では、3日以内に仮設トイレが設置された避難所はたったの3割。1週間以内に設置されたのも5割程度だった。

下水道の復旧までトイレの水は流せない

水を流すと逆流や詰まりを起こすので、使用は厳禁。タンクに水が残っていても使わずに、便器に非常用トイレをセットしたり、簡易トイレを用意します。

バケツなどで直接便器に水を注いで流す方法が可能なのは、下水道が復旧してから。

非常用トイレを準備する必要がある

※出典:「東日本大震災3.11のトイレ」日本トイレ研究所

❹家に必要なものを備える

非常用トイレは
1週間分備蓄する

非常用トイレはできるだけ多く準備をしておきましょう。最低でも1週間分は必要です。使用後（または前）にタブレット（薬剤）を入れて尿を凝固させるタイプと、おむつのような吸水シートの入ったタイプがあります。

連続使用が可能なので、大便は1回、小便は3～4回ごとに交換するなど節約を。家族で使用のルールを決める。

・非常用トイレ
大便（毎回交換）
小便（3回に1回交換） ×1週間
＝ 1人**17**枚

非常用トイレの使い方

便座を上げ、ゴミ袋をセットする。

便座を下げ、非常用トイレを被せる。

使用後、非常用トイレのみを取り出し、空気を抜いて口を縛る。ゴミ袋を下に敷いているので床をぬらさずにすむ。

捨てるときは

排泄ゴミの回収日まで、ふたつきのゴミ箱や衣装ケースなどに入れて消臭剤を振りかけ、保管しておく。おむつ用の、においが漏れないポリ袋があるとよい。有害なガスを出す危険があるので、一般ゴミとしては出さないこと。回収方法などは自治体によって定められている。

❹家に必要なものを備える

足りなくなったら自作トイレ

非常用トイレが足りなくなった場合は、ゴミ袋と新聞紙で簡単に作ることができます。新聞紙の代わりに、吸水材を使用した紙おむつやペットシーツでも代用が可能です。

❸ 使用後、消臭剤を振る

❷ くしゃくしゃにして広げた新聞紙2枚を便器の中に敷き、その上から丸めた新聞紙を詰める

❶ 便座を上げてゴミ袋を敷き、便座を下げてからもう1枚ゴミ袋を被せる

自作のトイレも市販のものと同様、何度か使用してから上のゴミ袋のみ廃棄する。消臭には柔軟剤などが使える。

・ゴミ袋（45ℓ）

1人 25 枚

自作トイレ以外にも、穴を開けてレインコートや防寒グッズとしても使用できる。

・新聞紙

1人 2 日分

食器や応急処置用の添え木（P122、126）、断熱材としても使用できる。

❹家に必要なものを備える

お風呂に入れなくても体を清潔に保つ方法

災害発生後はしばらく入浴できないことが想定されます。片づけ作業などで汗をかくのに加え、被災地はほこりだらけです。毎日体をふけるように、体ふき用ウェットシートを1ヵ月分用意しておきましょう。

・体ふき用ウェットシート

1日1枚 ×1ヵ月
= 1人 **30**枚

1人で背中までふける大判タイプがおすすめ。肌の弱い人はノンアルコールのものを使用するとよい。洗髪にはドライシャンプーを使っても。

下着はデリケートゾーンだけでも清潔に

炎症やかぶれを防ぐためにも、デリケートゾーンは清潔に保ちましょう。下着が交換できないときは、男女ともにおりものシートやナプキンをつけ替えるのも有効な方法。使い捨ての紙ショーツも便利です。

体験談 トイレを流す水も飲料水もない中、当然お風呂にも入れない。体中がかゆく、臭いも気になった。

❹家に必要なものを備える

家の備蓄一覧

ラップやポリ袋、ウェットシートもローリングストック法（P51）で備えます。これ以外のトイレットペーパーなどの日用品も多めに買っておく習慣をつけましょう。現在、家にまだ用意がない場合はP156〜157も参考にして用意しましょう。

□ 食事
1週間分
（P156 ⑩）

□ 水
1人 **2ℓ** × **7本**
（P156 ⑨）

□ 体ふき用ウェットシート
1人 **30枚**（P156 ③）

□ 非常用トイレ
（吸水シートタイプ）
1人 **17枚**（P157 ⑯）

□ 携帯ラジオ
1家庭 **1台**（P157 ⑮）

□ 新聞紙
1人 **2日分**（P156 ④）

□ ゴミ袋（45ℓ）
1人 **25枚**（P156 ②）

□ 保存用ポリ袋
（中サイズ）
1人 **25枚**（P156 ①）

□ ラップ
1人 **2本**

応急処置（P122）や食器用（P144）に使える。

家の備蓄一覧

☐ **LED ランタン**

1家庭 **3**個 (P156 ⑦)

夜のみ使用で電池は5〜6日持続。

☐ **口腔ケア用ウェットティッシュ**

1人 **1.5〜2**ボトル（100枚入）(P156 ⑤)

☐ **保冷剤**（大）

1家庭 **1〜2**個 (P157 ⑭)

☐ **クーラーボックス**

1家庭 **1〜2**台 (P157 ⑬)

☐ **カセットコンロ**

1家庭 **1**台 (P157 ⑪)

☐ **ガスボンベ**

1家庭 **15〜20**本 (P157 ⑫)

☐ **マスク**

1家庭 **1**箱分程度

☐ **ヘッドライト**

1人 **1**個 (P156 ⑧)

真っ暗な中、常に片手が塞がる懐中電灯では不便。必ず1人1個用意する。

☐ **軍手・革手袋**

1人 **1**組

ケガをしないように、厚手のものがおすすめ。

☐ **救急セット・お薬手帳**

救急セットの中身はP122参照。

☐ **単1電池**（LEDランタン用）

1家庭 **30**本

☐ **単3・単4電池**（ラジオ、充電器用）

1人各 **12**本

各機器の使用電池を確認。それぞれ3回交換分をローリングストック法で保管。

☐ **レインコート**

1人 **1**着

ほこり除けや防寒具にもなる。

☐ **生理用品**

2周期分

☐ **電池交換式充電器**

1人 **1**個

◎状況によって必要なものを備える

家の耐震が不安なら持ち出し袋を用意する

自宅の耐震性に不安があり、半壊・全壊の危険がある場合は、持ち出し袋を1人1つ準備しておきましょう。避難所の状況をしっかりイメージして（P86）持ち出すものをセレクトします。下記以外にも、自分にとって必要なものがないか考え、適宜追加しましょう。

持ち出し袋の中身の例

（1人あたり）

- **飲料水**／1〜2ℓ程度、持てるだけ
- **非常食**（そのまま食べられるもの。シリアルバー、缶詰、アルファ米、お菓子類）／3食分程度
- **非常用トイレ**（便器に被せるタブレットタイプのコンパクトなもの）／数枚
- **口腔ケア用ウェットティッシュ**（20〜30枚入り）／1〜2パック
- **クッションマット**（キャンプ用）／1個
- **寝袋**（コンパクトになるもの）／1個
- **アイマスク、耳栓、マスク**（子ども用も）／多めに
- **スリッパ**（厚底のもの）／1足
- **LEDランタン**（コンパクトタイプ）／1個
- **新聞紙**／朝刊1日分
- **ゴミ袋**／数枚
- **ラップ**／1本
- **軍手・革手袋**／1組
- **下着、靴下**／2〜3日分
- **救急セット**（P122）
- **印鑑、通帳、身分証明書のコピー**
- **現金**（1000円札と小銭で2万円分程度）
- **P44の持ち歩き用ポーチ**

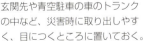
今できる！

玄関先や青空駐車の車のトランクの中など、災害時に取り出しやすく、目につくところに置いておく。

体験談 避難所で下着を干す場所に困った。女性用の下着はブラジャーつきのタンクトップを用意しておくといいと思う。

❺状況によって必要なものを備える
女性でも重くない持ち出し袋の作り方

両手があいて運びやすく、丈夫であることを考えると、登山用リュックが最適です。荷物の詰め方や背負い方を工夫すれば、重さも軽減できます。

NG

重いものを下に入れる
重いものを下に入れると、荷物の重心が下がり、上に持ち上げようとして前かがみになり疲れやすい。

OK

重いものを上に入れる
人の重心はへその裏側あたり。荷物の重心がこれより上だと前かがみにならず、重さも感じにくい。

リュックは体にフィットさせる

リュックが揺れると、体に余計な負荷がかかり重く感じます。体にフィットさせることで肩、背中、腰に重さが分散され、軽く感じられます。

- 体にフィットする太めの肩ベルト
- 揺れを大幅に軽減するチェストストラップ
- 腰で支えるウエストベルト
- 細かい調整が可能なストラップ

❺状況によって必要なものを備える

高齢者に必要なもの一覧

高齢者が必要とするものは1人ひとり異なります。普段の生活に不可欠なものを中心にそろえましょう。非常時は不衛生な状態になるため、特に高齢者は体調を崩しやすくなります。家の備蓄（P59、60）の中でも非常用トイレなどの衛生用品は多めに、入れ歯はなくしてしまったときのためにスペアを持っておくと安心です。

☐ 口腔ケア用
ウェットティッシュ
1ボトル（100枚入）
（P156⑤）

毎食後入れ歯をふけるように1ボトル多く用意しておく。

☐ 介護食
1週間分

食べなれたものを用意しておく。

☐ 補聴器

☐ 大人用おむつ
1ヵ月分
（長時間タイプ30枚）

☐ 老眼鏡

☐ 折りたたみ杖

家族がおんぶして避難する可能性がある場合、持ち出し袋に入れておくとよい。

❺ 状況によって必要なものを備える

乳幼児に必要なもの一覧

避難所で支給されるものは基本的に大人用です。粉ミルク、紙おむつ、おしりふきは多めに備蓄しておきましょう。アレルギーがある場合はアレルギー対応食品を。気分をやわらげるおやつも大切です。

☐ 粉ミルク
1缶余分に

☐ 使い捨て哺乳瓶
2〜3本

☐ 使い捨て哺乳瓶パック
2セット（60枚入り）

哺乳瓶は、割れにくい使い捨てが便利。中のパックを毎回交換し、汚れてきたら容器を交換する。

☐ 水筒

☐ 母子手帳

☐ おんぶひも

避難時、抱っこだと両手が塞がり、逃げ遅れにつながる。

☐ 紙おむつ
2パック余分に

☐ 絵本・おもちゃ

☐ おやつ

☐ 常備薬

☐ おしりふき
2パック余分に

☐ 子ども用マスク
1箱分程度

☐ 爪切り

☐ 靴

❺状況によって必要なものを備える

ペットに必要なもの一覧

ペット用の支援物資はほぼ来ないため、食べなれたフードを用意しておきます。また、普段から人になれさせ、長時間ケージで過ごすトレーニングをしておきましょう。季節によっては、外にテントを張り一緒に過ごすのも、ひとつの方法です。

□ ゴミ袋（45ℓ）
50枚（P156 ②）

□ 保存用ポリ袋（中サイズ）
100枚（P156 ①）

使用済みトイレシートを入れて二重の臭い対策を。

□ ペット用トイレシート
1パック余分に

普段からトイレトレーニングを。

□ フード・水
1週間分

□ 新聞紙
1週間分（P156 ④）

トイレの処理やケージの下に敷く用に。

□ ソフトケージ

□ 常備薬

□ テント

□ リード

column1

2章おさらい

やることリスト

- [ ] 家具は寝ているところに倒れてこないように配置する ▶P28
- [ ] 寝床の頭上には落下の危険があるものを置かない ▶P28
- [ ] 家具は出入り口を塞がない配置にする ▶P29
- [ ] 重いものは高いところから降ろす ▶P29
- [ ] 家具は固定する ▶P30〜33
- [ ] 窓ガラスや戸棚のガラスに飛散防止フィルムを貼る ▶P34
- [ ] 就寝時にカーテンを閉める ▶P35
- [ ] 感震ブレーカーを設置する ▶P36、37
- [ ] 1981年6月以降に建てた家に住む、または補強する ▶P39〜42
- [ ] いつも持ち歩くグッズをカバンに入れる ▶P44、45
- [ ] 会社に防災グッズを準備する ▶P46、47
- [ ] 食料を1週間分備蓄する ▶P49
- [ ] 飲料水を1週間分備蓄する ▶P52
- [ ] 空き容器に水をため、風呂の残り湯をとっておく ▶P52
- [ ] 家に必要なものを備える ▶P59、60、63〜65
- [ ] 持ち出し袋を1人1つ、取り出しやすい場所に用意する(耐震に不安がある場合) ▶P61

第3章

知る

日ごろから身の周りの環境に関心を持ち、情報や知識を得ていれば、いざというときの判断に役立ちます。災害時にできないことを知っておくと、今やるべきことが見えてきます。

災害時には情報が入ってきません。そして、誤った判断は、命取りになります。その場で正しい判断・行動をするためには、事前の知識と信頼できる人づての情報が重要です。

固定電話の規制数

基地局の停電や通信規制などによって、音声通信はほぼ不可。

携帯電話
9割以上が通話規制

南海トラフ地震では被災翌日に8割の基地局が停止すると想定されている。

地震後海沿いの自宅に戻るなどの誤った行動は命取りに。

何が起こるか、何ができるか
改めて知っておくことも防災

周囲の環境を知っていれば最適な行動ができる（P72）

人とのつながりが命や生活を左右する（P75）

被災後の生活は備えや知識で大きく変わる（P93）

今から、何ができるか考えてみましょう

❶住んでいる地域を知る

自分の地域のリスクを知る

自分の住んでいる地域の地形や危険な場所、過去の災害とその被害状況などを把握しておくと、対策に役立ちます。地域の防災情報は役所などでもらったり、ホームページで確認したりできます。

ハザードマップをチェックする

今できる！

国土交通省のハザードマップポータルサイトから閲覧する。

役所に取りに行く。

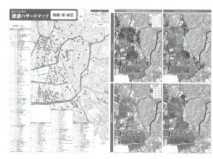

愛知県名古屋市「あなたの街の津波ハザードマップ 瑞穂・南・緑区」

ハザードマップとは、自然災害が起きたときの被害を予測した地図のこと。市区町村役場で配られるほか、国土交通省のサイトからも情報が得られる。サイトには、各市区町村の状況が確認できる「わがまちハザードマップ」と、住所から確認する「重ねるハザードマップ」がある。ただし、情報のひとつと捉えて頼り過ぎないことも大切。

土地の特徴

土地には、災害に強い土地と弱い土地があります。以下のほか、周辺より低い土地や、なだらかな起伏や丘の続く丘陵地も注意が必要です。

災害に弱い土地の例

扇状地（土砂災害、洪水）

埋め立て地（洪水、液状化）

山を切り崩した土地（浸水）

川底からの高さがない土地（洪水）

過去の災害

過去の災害を調べたり、その土地に長く住んでいる人から話を聞いてみましょう。防災のヒントが隠されていることも。

石碑や印

昔から住んでいる人

祖母の時代に大きな災害があって…

過去の津波や洪水での浸水地点や、被害状況が記されていたりする。風化し、過去の教えが伝わっていないものも（P106）。

雑談の合間などに、体験談を聞いてみる。ただし、過去の被害を上回る事態もあり得るので、固執しすぎないことも大切。

❶住んでいる地域を知る

自分の足で自宅周辺を見に行く

いざというとき早めに対応できるよう、近所にどんな施設があるか把握しておきましょう。避難所になるところや避難経路は、必ず一度は歩いて確認を。散歩のついでに行えます。

公園
自宅を離れて一時避難したり、家族と落ち合う場所にしたりと、歩いて行ける範囲内の公園を確認しておく。

銭湯
一時的に避難所として開放されたり、停電や断水になっても薪や地下水を利用して営業したりすることがある。

避難所
学校や公民館など、指定の場所を事前に確認する。避難所までの経路も複数シミュレーションしておく。

地域の掲示板
正確な情報を得るため掲示板の設置場所も確認しておく。

公衆電話
家の固定電話や携帯電話はほぼ使えなくなるため、音声通信の手段が公衆電話だけになる可能性も。設置場所は複数チェック。

目印になる建物
建物が倒壊して、町の風景が一変することも。目印になりそうなものを見つけ、それを基準点にして方角を把握しておく。

公衆電話 設置場所検索（東日本）▶ https://service.geospace.jp/ptd-ntteast/PublicTelSite/TopPage/
公衆電話 設置場所検索（西日本）▶ https://www.ntt-west.co.jp/ptd/map/index.html
NTT東日本・西日本がそれぞれ運営する、公衆電話の設置場所が検索できるインターネットサイト。

体験談 子どもとよく散歩をして近所を把握するようにしていたので、スムーズに避難場所へ向かえた。

避難する場所を確認する

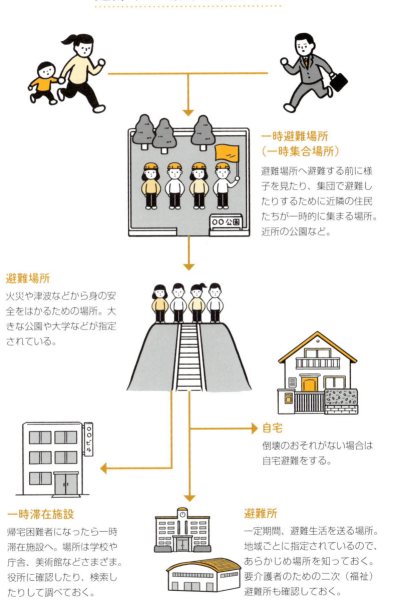

一時避難場所（一時集合場所）
避難場所へ避難する前に様子を見たり、集団で避難したりするために近隣の住民たちが一時的に集まる場所。近所の公園など。

避難場所
火災や津波などから身の安全をはかるための場所。大きな公園や大学などが指定されている。

自宅
倒壊のおそれがない場合は自宅避難をする。

一時滞在施設
帰宅困難者になったら一時滞在施設へ。場所は学校や庁舎、美術館などさまざま。役所に確認したり、検索したりして調べておく。

避難所
一定期間、避難生活を送る場所。地域ごとに指定されているので、あらかじめ場所を知っておく。要介護者のための二次（福祉）避難所も確認しておく。

❶住んでいる地域を知る

公衆電話の使い方を確認する

固定電話や携帯電話が通信規制されても、公衆電話は規制の対象外となり、停電時も使えたりすることがあります。災害時は無料開放されることもありますが、10円玉を常に財布に入れておきましょう。

災害時無料開放時

大規模災害が発生し、被災者の通話確保の必要性が認められた場合、無料化の措置がとられることがある。

受話器を上げる

硬貨やテレホンカードを一旦投入する※

電話番号を押す

通話終了後、硬貨やテレホンカードが返却される

※デジタル公衆電話の場合は受話器を上げたあとそのまま電話番号を押す

携帯と通話する場合は10円で9秒～15秒程度（平日日中、区域・携帯会社ごとに料金が異なる）。100円硬貨も使用でき、より長く通話できるがおつりは出ない。

通常時

受話器を上げる

硬貨かテレホンカードを投入する※

電話番号を押す

※停電時はテレホンカードは使用不可

緊急通報

警察（110）、海上保安庁（118）、消防・救急（119）への通話は無料。

受話器を上げる

緊急通報ボタンを押し、電話番号を押す※

※デジタル公衆電話の場合は受話器を上げたあとそのまま電話番号を押す

- 自宅と職場から一番近い公衆電話を探しておく
- 財布に10円玉を10枚入れておく

体験談 東日本大震災のとき、東京で、現金を持っていなかったので公衆電話も使えなかった。小銭は必要だった。

❶住んでいる地域を知る

地域の人たちと会う、話す

日ごろの近隣の人たちとのつき合い方が、災害時には大きく影響してきます。肩肘張る必要はなく、普段からあいさつを交わしたり、顔見知りになっておくだけで、いざというとき助け合えます。

あいさつをする
積極的にあいさつを。会釈するだけでも、お互い顔を覚えるきっかけになる。

地域のイベントに参加する
お祭りや運動会など地域のイベントに参加することで、交流が深められる。

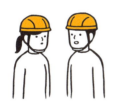

防災訓練に参加する
地域独自の防災方法や協力の仕方、問題点などがわかり、防災意識も高まる。

いざというとき助け合える
ご近所だからこそ、どこに何があるかなど細かい情報が得られたり、教え合ったりできる。

体験談 阪神・淡路大震災で、玄関が倒壊し脱出できずにいたら、様子を見に来てくれた近所の人が瓦礫をどかしてくれた。

❷災害時の連絡方法を確認する

災害時の情報源を知る

停電でテレビは見られない、携帯電話もつながらない、そんなときは下記の方法で情報を得ましょう。情報も混乱しているため、緊急時にも信用できる情報源をあらかじめ知っておくことが必要です。

緊急地震速報を検索する
緊急地震速報が発表された地震は、気象庁のホームページで詳細を閲覧できる。最新情報は発表から30分〜1時間後に掲載。1ヵ月程度、さかのぼって見られる。

FMラジオ放送
AM放送に比べ、FM放送のほうが電波を受信しやすい。地域の放送局の番号（周波数）をメモしておき、すぐに受信できるようにしておくとよい。

災害時無料Wi-Fi
インターネットの不通時には公衆Wi-Fi「00000JAPAN」が便利。格安SIM含め、どの通信会社の携帯電話からでも無料、かつ事前登録なしでつなげられる。

帰宅支援ステーション
徒歩で帰宅する人に水道水やトイレ、テレビ・ラジオからの情報を提供する。コンビニやガソリンスタンドなどが指定されており、ステッカーが目印。

口コミ情報
地域の細かな情報は、人から直接伝わってきた口コミが頼りになる。SNSなどの口コミも役立つ場合がある。ただし、どちらも正確でない情報やデマには注意。

避難所に集まる情報
行政情報の資料や新聞が無料配布されたり、安否状況の確認窓口が開設される。自宅避難の場合も、定期的に最寄りの避難所へ出向いて情報を得るようにしたい。

体験談 津波から避難しながらラジオで情報を得て、もっと安全な高台へ移動すべきだと知ることができた。

❷災害時の連絡方法を確認する

災害時に便利なアプリをダウンロードする

できるだけ早く正確な情報を得るには、アプリも役立ちます。災害情報から避難所、居場所の確認まで種類はさまざまです。災害用伝言板（P78）も活用しましょう。モバイルバッテリーは必ず用意しておきます。

連絡・安否確認・情報取得

できる！

 ココダヨ
対応：iOS、Android

事前に家族などのメンバーを登録しておくと、災害時に登録者の位置情報を自動で共有する。個別設定不要でメンバーだけが使えるチャット掲示板機能もあり。複数グループを登録可能。現在地付近の避難所情報も閲覧できる。

 radiko（ラジコ）
対応：iOS、Android

インターネット経由で、携帯やパソコンから地上波のラジオ放送を聴取できる。Wi-Fiがつながっていれば地下でも利用可能な場合も。有料のラジコプレミアムに登録すると、今いる地域以外の番組を聴取することも可能になる。

 **Yahoo!防災速報**
対応：iOS、Android

緊急地震速報や津波予報、気象予報など幅広い災害の情報を事前にプッシュ通知で知らせてくれる。最大3地域（自宅、勤務先、実家など）の登録が可能。

 MySOS
対応：iOS、Android

緊急時、同アプリをインストールしている人にSOSを発信できる。事前にカルテを登録しておくことで緊急連絡や救急搬送をスムーズにする。一次救命処置の流れも確認できる。

体験談 会社から家へ歩いて帰るのに、オフラインでルート検索ができる「MAPS.ME」が便利だった。ただ、充電はギリギリだった。

❷災害時の連絡方法を確認する

家族で連絡方法を決めておく

いつ、どんなタイミングで被災するかはわかりません。家族全員、別々の場合もあれば、一緒にいてもはぐれてしまうこともあり得ます。連絡の取り方をいくつか決めておきましょう。

できる！

災害用伝言サービス

大規模災害時は安否確認のための伝言サービス（無料）が開設される。下記の①〜③すべてが毎月1日・15日に伝言の録音、登録などの体験ができる。伝言は6ヵ月間保存可能。

①災害用伝言ダイヤル

「171」にダイヤルし、自宅の電話番号をプッシュすると伝言の録音・再生ができる。音声ガイダンスに従って操作する。

②災害用伝言板（Web171）

インターネットで接続し、電話番号をキーにして伝言を残したり確認したりできる。伝言は海外からでも閲覧できる。

③災害用伝言板

携帯各社が、大規模災害発生時に開設する災害伝言板。ポータルサイトにアクセスし、利用する。

伝言中継

被災地同士よりも、被災地から被災地外への電話のほうが比較的つながりやすい。県外の親戚や知人に連絡をし、そこを経由して家族の安否を確認する。

メール・SNS

メールやSNSは比較的つながりやすい。「Facebook」や「Twitter」、「LINE」などの機能を確認し、家族グループなどをあらかじめ作って普段から連絡を取り合っておく。

連絡できなくても落ち合う場所を決めておく

まったく連絡が取れない場合もあるため、落ちついてから集まる場所を事前に決めておく。公園や避難所などが適している。

❷災害時の連絡方法を確認する

通信以外での連絡方法を決める

電話やネットなどのほかに、安否や避難先を知らせる方法を考えておきましょう。玄関ドアの裏など決めた場所に、破れない、消えないもので残すようにします。

家にあるかを確認

- **ガムテープ**
  布製のもの。直接書いてそのまま貼れるので手軽。

- **ラップ**
  伝言を残し、窓ガラスの内側に貼りつけておく。

- **油性マジック**
  筆記具として持ち歩いているといざというときに便利。

- **ホワイトボード**
  貼りつけられるシートタイプがある。室内で使用。

避難誘導も効率化

安否や避難先の情報を家のどこかに残しておくのは、家族のためだけではありません。役所や自治会などが救出・安否確認を行ったり、消火活動を行う際にも情報を見ながら速やかに避難誘導ができます。

体験談 避難を促すため消防団の見回りで複数軒回ったが、玄関先に避難済みと書いてくれていた家は、家中を探し回らずに済んだ。

❸自分でできる危険回避法を確認する

避難時の最善の行動を考える

誤った行動は自分だけでなく、他人の命をも危険にさらす場合があります。最善の避難方法を事前に考えておきましょう。ただし、状況によって臨機応変な行動も大切です。過去の教訓も忘れずに。

むやみに帰らない

会社などで被災した場合は、すぐ帰ろうとして外に出ると、余震にあう場合も。しばらくは安全な場所にとどまり様子を見ること。政府は大規模地震時、職場などに3日間の滞在を推奨している。

車では避難しない

救急車や消防車などの緊急車両、高齢者や障害がある人の車などが車道を使えるように、車の使用は避ける。どうしても車避難が必要な人は、普段から渋滞しやすい道を確認しておく。

津波の恐れがある地域ではとにかく高台へ

海の近くで地震が起こったら、情報を待たずに真っ先に高台へ避難すること。事前に複数ルートを確認しておくことが大切。決して海の様子を見に行かない。

命を救うてんでんこ

「津波てんでんこ」とは、三陸地方に伝わる災害教訓。津波が来たら誰にも構わず各自てんでんばらばらに逃げろ、という意味。これを家族でしっかり共有しておくことで、バラバラに被災したとしても子は親を待つことなく、親は「あの子は逃げているはずだ」と信頼し、安全な場所へ避難することができる。

体験談 会社から家までの距離を把握しないまま徒歩で帰宅を始めてしまい、結局その日のうちに家にたどり着けなかった。

❸自分でできる危険回避法を確認する

地震後の火災が被害を拡大させる

地震の二次災害でもっとも多いのが火災です。ガスコンロやろうそくの落下、停電からの再通電などによって起こり、被害拡大や避難の妨げなどの困難を招きます。

火災による焼失棟数

(万棟)
- 阪神・淡路大震災※: 7574棟
- 首都直下地震（予想）: 41.2万棟
- 南海トラフ地震（予想）: 75万棟

首都直下地震では阪神・淡路大震災の約54倍、南海トラフ地震では約99倍の被害が想定されている。脱出ができないまま火災に見舞われる可能性もある。住宅密集地などでは特に注意が必要。

※ぼやを含めた焼損棟数

❸自分でできる危険回避法を確認する

初期消火の方法を覚える

出火しているのを発見したら、可能であればすぐに火を消し止めましょう。ただし、むやみに水をかけると感電したり爆発を引き起こしたりするので、注意が必要です。

コンセントからの出火

コードにさわったり、水をかけると感電の恐れがある。ブレーカーのスイッチを切ってから消火する。

 使っていないコンセントは抜いておく

ガスコンロからの出火

油から出火した場合、水をかけると爆発を起こすことも。消火器を使うか、ぬれたタオルで覆う。

火が天井に届いたら早急に避難

初期消火が可能なのは天井付近まで。火が自分の背丈を超え、天井に届きそうになったら早急に避難すること。出火から2分過ぎには天井に達することもある。

❸ 自分でできる危険回避法を確認する

消火器の使い方を知る

近所には備えてあるものの、実際に使ったことがない人も多い消火器。正しい使い方を覚えておくと、とっさのときも慌てず、被害を最小限に食い止められます。

❶ ピンを抜く

火災現場から7〜8mのところに安全な場所を見つけ、消火器を運ぶ。黄色の安全ピン（栓）を引き抜く。

❷ ホースを外し火元に向ける

本体からホースを外し、ホースの先端を持って火元に向ける。ホースの途中だと狙いが定まらない。

❸ 床を掃くように火元に噴射する

レバーを強く握って、手前から床を掃くように火元に向かって放射する。屋外では風上から、室内の場合は出入り口を背にする。

家庭用消火器

絵で表示された適応火災を確認して購入する。ホースのない噴射式（スプレータイプ）は軽量で、女性や高齢者でも取り扱いやすい。

 自宅近所の消火器の場所を把握する

❸自分でできる危険回避法を確認する

火災からの安全な逃げ方を考える

火災による死亡の原因のほとんどが煙です。一酸化炭素中毒を起こし、煙が充満した中では数分で死に至ることもあります。煙を吸わないように避難しましょう。

かがんで歩く
煙には上昇する性質がある。タオルやハンカチで鼻や口を覆って、できるだけ姿勢を低くして進む。

隅の空気を吸う
壁と床の隅、階段の段差の隅などに新鮮な空気が残っている場合がある。この空気を吸いながら避難。

シーツをつなげて降りる
避難経路が窓しか残っていなければ、シーツ2枚を本結び（P133）でつないで降りる。物干し用のロープでも。

ガス漏れに気づいたら
窓を開ける
ガス漏れに気づいたらすぐに窓や戸を開けて新鮮な空気を。換気扇など機器のスイッチは入れない。

❸ 自分でできる危険回避法を確認する

災害時は街の雰囲気が変わる

災害時には、混乱に便乗してさまざまな犯罪が横行します。単独行動は避け、子どもや大切な荷物には、必ず誰かがそばについているようにしましょう。不審者・車にも注意。悪意ある噂やデマに惑わされないよう、信頼できる情報源を知っておくことも大切です。

女性を狙った犯罪
避難所では、痴漢行為をはじめとした性被害にあう女性も少なくない。夜間のトイレで襲われたり、車に連れ込まれるなどの被害も。複数での行動を心掛けて。女性らしい色の服や下着を干していると目をつけられ、寝込みを狙われることもあるので注意が必要。

空き巣との遭遇
不在中に不法侵入や空き巣の被害にあうことも。誰かが潜んでいる場合があるため、自宅には1人で行かないこと。

不審者の訪問
町を徘徊している不審者・車には注意。ガスや電気の点検、ボランティアを装って自宅に訪問してくる者もいる。

子どもを狙った犯罪
大人がいないときを狙って子どもにいたずらをする犯罪も多い。必ず大人が子どもを見守るように。

置きびき
ちょっとした隙に荷物を盗んだり、デマを流してほかに移動させ、その間に荷物を強奪することも。

体験談 知らない男性に「給水所まで連れて行く」と言われ、強引に車に乗せられそうになった。

❹ 避難所での生活を知る

避難所で起こることを知っておく

避難所にはさまざまな人が集まり、1人に与えられるスペースもわずかです。本来なら助け合う場ですが、ときにはそれが難しいことも理解しておきましょう。

物資をめぐるケンカ

配給数が少なかったり、いいものを求めたりすることで、物資の取り合いやケンカが起こることも。

ささいなことでイライラする

いびきやせき、袋などのガサガサする音、子どもの泣き声や足音など、ささいなことが気にさわるケースも。

喪失感に襲われる

人が気を張っていられるのは3週間が限度。そのあとは体調や精神状態が悪化する場合がある。無理は禁物。

体験談 避難所があまりにギスギスしていて、精神的にさらに参ってしまった。家が無事な人たちがうらやましかった。

不衛生な環境で病気も増える

ほこりが舞う、トイレが汚い、入浴ができない、歯磨きもままならないなど、避難所では不衛生な生活が続き、感染症も蔓延して健康面への被害が増えます。

東日本大震災　過去同時期と比べた
震災後1ヵ月間の死亡率（福島県相馬市・南相馬市）※

75歳以上男性

1.6倍

85歳以上女性

1.5倍

肺炎が増える

東日本大震災から1ヵ月間の75歳以上の死亡原因は、肺炎が34%と最多※。口内環境の悪化によって唾液と一緒に雑菌が肺に入る誤嚥性肺炎が多い。風邪のような症状から始まり、若い人でも注意が必要。

危険なエコノミークラス症候群

車中など狭い場所に長時間座っているのは危険。血流が悪くなることで血の塊ができ、肺の静脈を詰まらせてしまうエコノミークラス症候群（急性肺血栓塞栓症）を引き起こす。死に至ることもある危険な症状。

体験談　避難所にいたくなくて車中生活をしていたら、体調を崩してしまった。ガソリンがないので空調もつけられなかった。

※参考:「震災後に最も怖いのは肺炎だった、口腔ケアを！」(JBpress 2018年5月13日)

❹避難所での生活を知る

病気を防ぐ習慣と裏ワザ

避難所は感染症が広がりやすい環境です。手洗いやうがいはできる限り行います。水分補給や運動はついおろそかになりがちなので、1日の決まった時間に必ず行うというルールを自分の中で決めておきましょう。体調管理に必要なアイテムは事前に用意し、持ち出せるようにしておきます。

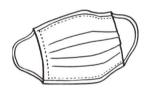

マスクを準備する

感染症予防にはマスクが必須。持ち出し袋に入れておきたい。ない場合は、ハンカチやタオルなどで口と鼻を覆って頭の後ろで結ぶ。

今できる!

口腔ケアを忘れない

歯磨きやうがいで口内を清潔に保つ。歯ブラシや水がない場合は、口腔ケア用ウェットティッシュや清潔なハンカチでふく。

睡眠をしっかりとる工夫をする

睡眠不足は万病の元。アイマスクや耳栓などを利用して、できるだけ睡眠時間を確保することが大切。眠れるときに眠ることが大切なので、昼寝も積極的に。

体験談 避難所は床がかたく、空調もない。周りの音や光が気になって夜も眠れず、疲れがたまってしまった。

トイレを我慢しない

数が足りない、不衛生などの理由でトイレに行くのを我慢していると、膀胱炎を発症したり体調を崩したりします。また、トイレを我慢するために水を控えることが、脱水症状や血栓症の引き金になります。トイレを我慢しなくてすむように、非常用トイレは必ず用意しましょう。

水分・栄養をきちんととる

限られた食料では、栄養が偏り体調面にも影響が。特に野菜はできるだけとり、水分もしっかり補給します。

今できる!

ジュースやサプリを用意しておく

野菜ジュースや常飲している青汁、サプリメントなど避難所でも手軽に栄養補給できるものを備えておく。

脱水症状を防ぐ経口補水液

塩小さじ0.5
砂糖大さじ3.5
水 1ℓ

水の25倍の吸収率

補水液は水分の吸収率が水の25倍。失われた塩分を補ったり、水分維持にも優れているため、脱水予防だけでなく症状が出た際にも飲んで。無菌ではないため、作ったら1〜2日で飲みきるように。

❹避難所での生活を知る

避難所のストレスを減らす仕組みを知る

避難所で共同生活を送るには、早い段階でルールを設けることが大切です。役割を分担して助け合ったり、中心となるリーダーを決めておけば、スムーズに物事が運びやすくなります。

名簿を作る

名簿を作って避難所に誰がいるか明確にする。避難してきた人から記入してもらい、見やすいところに貼り出しておくと、家族や知り合いを探す人たちにとっても便利。

リーダーを決める

多数決は、意見が採用されなかった人たちの不満がたまり、揉め事の原因になる。少人数のリーダーを決め、リーダー間の話し合いのもと全体を主導するのが効率的。閉鎖的にならないよう、常に情報を共有することが大切。

役割分担する

食事、配給、救護、子どもの世話など役割を分担する。仕事があることで気が紛れることも。子どもにも簡単な役割を与えるとよい。やりたくないことやできないことは、しっかりと主張することも大切。

> **体験談** 配給の時間を最初に決めたことで、早い者順にならず、それ以外の時間はみんなが自由に動けるようになった。

違う立場の人への配慮を忘れない

プライバシーが欠如した避難所では、ほかの人への理解と配慮が不可欠です。特に体の不自由な人には、積極的に手を差しのべましょう。

話し合いはいろいろな立場の意見を聞く

リーダーの立場が偏っていると、意見も偏ってくる。高齢者、乳幼児を持つ親、学生、介護経験者など、話し合いをするときはできるだけいろいろな人から意見を出してもらい、リーダーが集約する。

女性への配慮

男性であれば気にしない人が多いようなことも、女性の立場だと不便になることがある。女性のみの世帯を集めたり、着替えや授乳、下着干しのスペースを設けるなど、少しでも安心して過ごせる工夫を。

周りを見る

病気や障害を抱えた人や高齢者、乳幼児など、周囲を見ると配慮が必要な人がいることに気づく。目に見えない障害を抱えた人もいるので、困った様子であればどうしたのかと聞いてみるとよい。精神的に参り、塞ぎ込んでしまっている人などにも積極的に声をかけたい。

体験談 リーダーが男性のみで、支給された生理用品を不要と判断して返却してしまった。女性の意見も必要。

❺復旧の仕方を知る

ガスメーターの復帰方法を知る

ガスは揺れを検知して自動的に止まりますが、地域へのガス供給がストップしていなければ自分で復帰作業ができます。まず、ガスメーターの赤ランプが点滅しているのを確認しましょう。

❶ 赤ランプの点滅を確認する
震度5以上の揺れでガスは自動的にストップ。ガスメーターの赤ランプが点滅していたら止まっている。

❷ ガス機器のスイッチをオフ
復帰作業をする前に、屋外も含め、すべてのガス機器のスイッチがオフになっていることを確認する。

❸ 復帰ボタンを押す
ガスメーターの復帰ボタンを奥まで2秒ほど押し込む。赤ランプが点灯したあと、再度点滅が始まる。

❹ 3分待つ
ガスを使わず3分待つ。ランプの点滅が消えたら使用できる。ガスがつかない場合は❸からやり直す。

 ガスメーターの設置場所を確認しておく

※細かい復帰方法やガスメーターの形状はメーカーによって異なります。

―❺復旧の仕方を知る―

不要な支出を
おさえる方法を知る

ローンが残っているのに家が倒壊したり、生命・損害保険の証書を紛失したりしても、法律が適用されて、減免や猶予などの特別措置を受けることができます。慌てず、よく調べて行動しましょう。

住宅ローンは減免される
住宅ローンは、金融機関との話し合いで減額や免除を受けることができる。「自然災害による被災者の債務整理に関するガイドライン」で定められている。

保険料の支払いは猶予される
生命保険や損害保険などの保険料の支払いは、「災害救助法」により、最長6ヵ月猶予される。

 金融機関や保険会社の連絡先をメモしておく

弁護士が無料相談を受けてくれることもある

行政からの給付金をはじめ、ローンや保険料の支払い、火災・地震保険金の支払い、建物の賃貸借契約など、さまざまな法的手続きについて、弁護士が無料で相談にのってくれることもあります。詳細は各都道府県弁護士会へ。

> 第一東京弁護士会 ▶ http://www.ichiben.or.jp/shinsai/
> 東日本大震災の被災者に対する情報提供を行っている(2019年4月現在)。

体験談 住宅ローンが減免されるのを知らず、行政からの支援金でそれまで通りの額を払ってしまっていた。

❺復旧の仕方を知る

り災証明書について知る

支援金を受けたり、保険金を請求するときに必要なのが「り災証明書」。自然災害や火災で住居が被害を受けた場合、自治体が住居を調査し、被害認定して発行します。

り災証明書を利用して受けられる支援

- 被災者生活再建支援金、義援金などの給付
- 住宅金融支援機構、災害援護資金などの融資
- 税金、保険料、公共料金などの減免・猶予
- 応急仮設住宅の支給、住宅の応急修理

申請から支援までの流れ

市区町村へ申請する
申請書を役所でもらうかホームページでダウンロードし、建物の居住者または所有者が申請する。必要なものは市区町村によって異なるが、印鑑と身分証明書など。

↓

被害状況の調査
市区町村の担当者が住居を調査しに来る。建物の外から全壊か否か、傾きがあるかを判断する。

↓

り災証明書の交付 支援活用

調査は2回申請できる
1回目の調査結果に不満があった場合は、2回目の調査を申請することが可能。ただし、市区町村によっては2回目のほうが軽い結果だったとしても、2回目の調査結果が優先されることがあるので、申請前に確認したい。

被害状況を写真にとっておく
熊本地震では、地震発生からり災証明書の発行までに1ヵ月以上かかるケースが多かった。住宅の被害認定調査の開始までにも1週間から1ヵ月かかることがあるため、片づけてしまう前に被害状況の詳細を写真におさめておくとよい。

申請期限に注意
り災証明書の申請は、1ヵ月以内、3ヵ月以内、半年以内など期限が決められている。大きな災害時は期限が延長されることもあるが、早めの申請を心掛ける。

身分証明書は携帯しておく

― ❺ 復旧の仕方を知る ―

行政支援の限界を知っておく

自然災害で被災した場合、「被災者生活再建支援法」に基づき、住宅の被害の程度などによって支援金が支払われます。ただしそれは被害分をすべて補えるものではありません。地震保険も併せて検討を。

被災者生活再建支援金の支給基準

全壊
100万円

or

解体 or 長期避難
100万円

or

大規模半壊
50万円

新しい住宅の建設・購入
200万円

or

元の住宅の補修
100万円

or

新しい物件の賃借
50万円

・補償ではまかないきれない
・半壊以下は未補償
（自治体の支援金などがあることも）

＝

事前の補強、地震保険加入
などの対策を

今できる！　地震保険のパンフレットを取り寄せてみる

― ❺ 復旧の仕方を知る ―

地震保険について

地震による建物や家財の被害を補償できるのは地震保険だけです。地震保険単独での加入はできず、火災保険とセットで加入しなければなりませんが、支払いが早いので当面の生活費にあてられます。

火災保険と地震保険の特徴

	火災保険	地震保険
補償対象	建物のみ or 建物＋家財	建物のみ or 建物＋家財
対応している災害	火災、落雷、水漏れ、ガス爆発、風災、積雪による損傷など	地震、噴火、またはこれらによる津波などの被害
地震による火災	補償対象外	補償対象
単独での契約	可能	火災保険とのセット、または後づけでの加入のみ
保険金額	建物が評価された保険価格が上限	火災保険の設定額の30〜50%
受け取りまでの日数	現地調査後1週間〜1ヵ月	現地調査後1週間〜1ヵ月

インターネットや電話で契約内容を確認してみる

申請の流れ

保険会社に電話をする
加入している保険会社へ電話をして被害状況を報告する。片づける前に、写真にとっておくとよい。

鑑定人が受給可否を判断する
鑑定人が現場で建物損害の調査を実施し、被害認定を行う。受給の可否と金額が決まる。立ち会いから1週間〜1ヵ月で保険金が支払われる。

身分証があれば保険証書は不要

損害鑑定人から損害保険会社へ報告後、保険金が支払われる。身分を証明できれば、保険証書などは特に必要ない。

サギに注意！

保険金の請求は被保険者や親族、その保険の代理店担当者しか申請できません。申請の代行業者と偽って保険金をだまし取ったり、被害の無料診断を行うといって高額請求するサギ行為があるので注意しましょう。

> **体験談** 突然自宅を訪ねてきた人に、建物の修理の補助金が出るからと無理やり工事契約をさせられそうになった。

column2

（ 3章おさらい ）

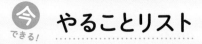

- [ ] 自分の住む地域にどんなリスクがあるかを知る ▶P70
- [ ] 自宅がある場所の地形を知る ▶P71
- [ ] 自宅の周りを散歩して、近くの施設や公園の場所を知る ▶P72
- [ ] 緊急時の避難場所と経路を確認する ▶P73
- [ ] 公衆電話の使い方と、家や職場から一番近い設置場所を知る ▶P74
- [ ] 財布に現金（10円玉は10枚）を入れる ▶P74
- [ ] ご近所さんとすれ違ったときにあいさつをする ▶P75
- [ ] 災害時に便利なアプリをダウンロードする ▶P77
- [ ] 家族との連絡方法と集合場所を決める ▶P78
- [ ] 災害用伝言サービスを体験する ▶P78
- [ ] 会社で被災したときの行動を想定する ▶P80
- [ ] 使っていないコンセントは抜く ▶P82
- [ ] 初期消火の方法と消火器の設置場所を知る ▶P82、83
- [ ] 必要なものを備えるために、避難所で起こることをイメージする ▶P86〜91
- [ ] ガスメーターの設置場所とガスの復帰方法を確認する ▶P92
- [ ] 全壊や半壊をはじめとした家の損壊の危険がある場合、地震保険を検討する ▶P96、97

第4章

知識を深める

地震をはじめ、津波や豪雨など、さまざまな自然災害のメカニズムや考えられる危険、その回避方法を学びます。

日本にいる限り、地震は避けられない

地下にある「プレート」と呼ばれる地球の表面同士がぶつかり合い、引きずり込まれた片方のプレートがひずみに耐えられなくなって跳ね返ったり、割れたりすることで地震が起こります。このサイクルは自然現象なので、止めることはできません。

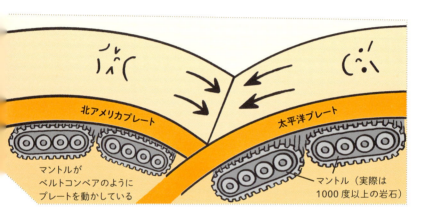

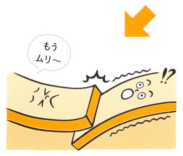

陸のプレートがひずみに耐えきれず、跳ね返って地震が起きる。大きな津波（P105）の原因になる。

陸のプレートがひずみに耐えきれずにひび割れてしまい、地震が起きる。

これは納得!
日本に地震が多い理由

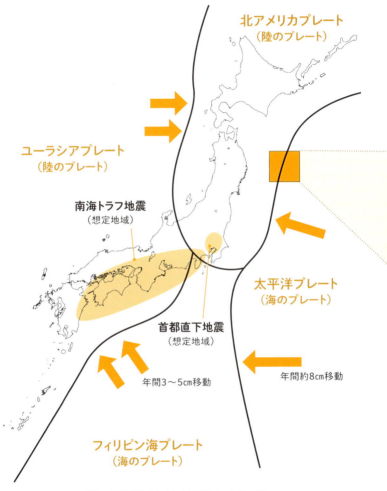

出典:「地震発生のしくみ」気象庁ホームページ

日本の周辺はプレートの密集地帯。これが日本に地震が多い理由です。東日本大震災は太平洋プレートと北アメリカプレートのぶつかり合いが原因で起こりました。

日本は活断層だらけの国

これまで繰り返し活動し、将来も活動すると考えられる断層を活断層と呼びます。活断層が動いて引き起こすのが活断層型地震。日本には発見されているだけで約2000もの活断層があります。

首都直下地震震源予想

首都直下地震の発生が予想される震源地は19パターン。

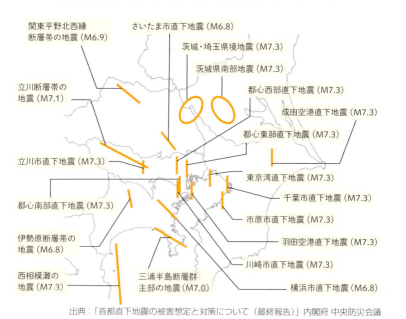

出典：「首都直下地震の被害想定と対策について（最終報告）」内閣府 中央防災会議

地震の規模と揺れの強さのイメージ

地震の規模を表すマグニチュードが1大きくなるごとに、そのエネルギーは約32倍に。震度は揺れの強さを表したものです。

阪神・淡路大震災 M7.3
首都直下地震 M7.3（想定）

関東大震災 M7.9

東日本大震災 M9.0
南海トラフ地震 M9.1（想定）

M7 ── 約32倍 → M8 ── 約32倍 → M9

約1000倍

震度による揺れの強さの違い

震度	揺れの状況	震度	揺れの状況	震度	揺れの状況
0	人は揺れを感じない。地震計だけに記録される。	5弱	大半の人が恐怖を覚え、ものにつかまろうとする。棚の中の食器や本が落ちることも。	6強	はわないと動けない。固定していない家具のほとんどが移動する。耐震性の低い木造建物が傾く。地すべりが発生。
1	屋内で静かにしている人の中の少数が揺れを感じる。				
2	屋内で静かにしている人の大半が揺れを感じる。	5強	ものにつかまらないと歩けない。車の運転も困難になる。ブロック塀や自動販売機が倒れることも。	7	耐震性の低い木造・鉄筋コンクリート造の建物が傾いたり倒れたりする。耐震性の高い木造建物でも傾くことがある。
3	屋内にいるほとんどの人が揺れを感じる。				
4	ほとんどの人が驚く。吊り下げ式の電灯が大きく揺れ、安定の悪い置物が倒れることがある。	6弱	立てない。固定していない家具の大半が移動し、窓ガラスの破損や瓦の落下も。		

出典：「気象庁震度階級関連解説表」気象庁ホームページ

地震

歴史から見る地震のサイクルと規模

日本では、いつどこで地震が発生してもおかしくありません。特に南海トラフ周辺や南関東では、過去の地震の周期から、近い将来、同じような大規模地震が発生する危険が高まっています。

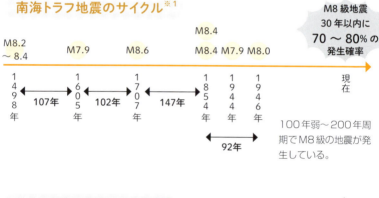

100年弱〜200年周期でM8級の地震が発生している。

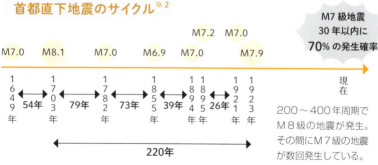

200〜400年周期でM8級の地震が発生。その間にM7級の地震が数回発生している。

※1 出典：「南海トラフの地震活動の長期評価（第二版）」地震調査研究推進本部
※2 出典：「首都直下地震の被害想定と対策について（最終報告）」内閣府 中央防災会議

津波

津波の被害が大きい理由

津波は通常の波とは違い、沖から海水が塊となって押し寄せ続ける現象です。複数の波が重なって非常に高い波になることもあります。

地震が海底で発生するとその衝撃で急激な地殻変動が起こり、海水が持ち上げられる（または引き下がる）。これが津波の原因となる。

前兆なしでやって来る津波

多くの場合、津波の前には潮が大きく引く現象が見られる。しかし、湾の深さや形状、港の地盤沈下などの条件によっては、潮が引いていないように見えることもあり、前兆がないまま津波に襲われる危険がある。東日本大震災時の岩手県・大槌町がその一例である。

津波は最高時速800kmでやって来る

津波のスピードは最高時速800km。陸に近づくにつれ遅くなりますが、それでも短距離走のトップ選手ほどのスピードです。走って逃げきれるものではありません。陸に近づく分、高さも増していきます。

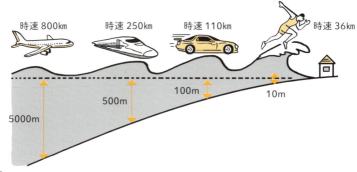

津波の被害を避けるための備え

都市部でも津波による浸水被害の可能性があります。揺れを感じたら津波を意識して高台への避難を心がけましょう。

❶ ハザードマップを見る

「津波ハザードマップ」を作成している自治体があるので、役所でもらったり、ホームページなどで確認をしておく。

❷ 土地の高さを調べる

電柱や道路、地下鉄の入り口などに設置された海抜表示板を確認する。自分のいる場所の高さを常に意識する。

❸ 過去の災害を調べる

文献、インターネット、石碑などから、かつての津波被害を調べる。また、国土地理院の地図で「自然災害伝承碑」の地図記号（上図）を確認する。

「自然災害伝承碑」の出典：国土地理院ホームページ

命を守る先人の教え

岩手県宮古市姉吉地区には「此処より下に家を建てるな」という石碑が残されている。住民たちは、この教えに従い石碑より下には家を建てなかった。そのおかげで、東日本大震災のときには建物被害は0だった。過去の教訓の大切さを物語る一例である。

※ 2019年6月から順次、国土地理院の地図に津波、洪水、火山・土砂災害などの「自然災害伝承碑」の地図記号が記載される。

津波 地震が起きたら、とにかく高台に逃げる

ここは大丈夫という安易な気持ちが命取りになります。逃げないという選択は周りの人も危険にさらします。「地震が起こったら津波が来る」という意識を持ち、即座に高台に逃げましょう。

率先して避難する

自ら率先して危険回避の行動を起こせる人を「率先避難者」という。一目散に避難している姿を見ると、周りの人もつられて一緒に行動するようになる。自分を守るだけでなく、周囲の人の命も助けることになる。各自が「率先避難者」になることが大切。

子どもにも自ら逃げる教えを

岩手県釜石市内の小中学校では、「津波てんでんこ」（P80）の教訓をもとに避難訓練を行っており、東日本大震災のときには児童たちが即座に各自避難場所へ走った。町が津波被害を受けたにも関わらず、市内の小中学生の生存率は99.8％だった。

想定外を想定した備えを

宮城県名取市の保育所長は、「ここに津波は来ない」という通説を疑い、避難マニュアルを独自に作成。日ごろから、職員たちと避難ルートの確認などを行っていた。結果、東日本大震災では想定外の津波にのみ込まれた園から職員、園児全員が避難。常識を疑い、訓練し、ためらわずに逃げたことがすべての命を守った。

風水害
なぜ日本に台風が頻繁にやって来るのか

気圧配置の関係で、日本は毎年夏〜秋にかけて、似たような進路で台風に見舞われます。しかし、近年は特異な気圧配置で台風の進路が変わったり、想定外の集中豪雨で被害が甚大になったりしています。

8月は日本列島を覆った高気圧に沿って日本列島に向かって北上するが、偏西風の影響をほぼ受けないためスピードが遅く、不安定な進路で長い間迷走する。

夏の終わりから秋にかけて高気圧が衰退すると、台風は高気圧に沿って日本列島に襲来し、偏西風に乗ってスピードを上げる。その分風が強まる傾向にある。

温暖化で台風の威力が強まる可能性

地球温暖化が進むと海水の蒸発量が増え、その分、大気中の水蒸気量も増加します。水蒸気が大量にあると熱帯低気圧は強大化しやすくなります。今後は強い熱帯低気圧の発生数や最大風速、降水強度は増加すると懸念されています。

風水害

局地的大雨が増えた理由

発生件数が年々増加している突発的・局地的な豪雨。地球温暖化やヒートアイランド現象が原因の一端ではないかといわれています。突発的な大雨をもたらす積乱雲の発生は予測が困難です。

局地的大雨（通称ゲリラ豪雨）を起こす積乱雲が発達

温度の上がった空気が上昇気流となり、積乱雲が急速に発達する。地球温暖化などとの因果関係ははっきりしていないが、原因のひとつと考えられている。

危険な雲の見分け方

高層雲　数時間後に雨が降る

乱層雲　雨が降ったり雷が発生したりする

積乱雲　雷をともなう短時間の大雨が降る

気象庁「雨雲の動き（高解像度降水ナウキャスト）」 ▶ https://www.jma.go.jp/jp/highresorad/
雨の実況と短時間の降水予報。今どこでどのぐらいの雨が降っているかがわかる。

風水害

自宅を守る備えと対策

暴風雨で、建物も甚大な被害を受けることがあります。事前に家や周辺を見て回り、不具合があれば直し、不要なものは片づけましょう。備蓄品も忘れずに用意します。

水の通り道を確保する
水路にゴミがたまっていると水があふれ出して危険。普段から定期的に掃除をしておき、雨が降り出してから見に行かないようにする。

不要なアンテナを外す
一戸建てはアンテナの被害にも注意。不要なアンテナは外しておくこと。折れたアンテナは飛ばされないうちに交換をする。

生活用水、飲料水の確保
断水する可能性もあるため、普段から水は多めに備えておく。コンビニやスーパーも閉まることが多いため、食料品も備蓄を（P49）。

窓ガラスの飛散防止
風と飛散物の影響で窓ガラスの破損被害も考えられる。飛散防止フィルムを貼るなどの対策を（P34）。特に高層階は注意。

停電時の気温調節
暴風雨で窓を閉めきらなければいけないため、特に真夏の台風では停電時の室内の気温調節が問題になる。乾電池式扇風機やクーラーボックス、保冷剤（P54）などの用意を。

災害が起こりやすい場所

災害の起こりやすさは地形と大きな関係があります。以下に示したのは主に水害の危険が大きい地形の特徴です。引越しをする際などはP71と併せて見てみてください。「重ねるハザードマップ」(P70)からも地形の特徴を確認できます。

地形	地形の特徴	リスク
山麓地（さんろくち）	山地と低地の境界にある比較的平滑な緩傾斜地。土砂の堆積で形成。	土石流
扇状地（せんじょうち）	大きな河川が山地から低地へ流れ出す付近に形成された扇状の地形。	河川洪水
谷底低地（たにぞこていち）	山地や丘陵、台地の河谷沿いに形成された幅が狭くて細長い低地。	内水氾濫
三角州（さんかくす）	河川の堆積物が河口付近に堆積して形成された平坦な地形。	河川洪水、液状化

こんな地名は要注意

地名は、過去の人々が経験したり観察した出来事からつけられていることがあります。さんずいなど水に関わる字がつく土地はその典型で、落合の「あい」は川の合流点、荻窪や大久保の「くぼ」は水がたまる窪地を表しているため注意が必要です。

国土交通省ハザードマップポータルサイト「重ねるハザードマップ」 ▶ https://disaportal.gsi.go.jp/
地域を検索し、土地分類基本調査を選択すると、土地の成り立ちと災害リスクを閲覧できる。

風水害

災害が起こるときの降水量

降水量とは一定時間にたまった雨水の深さをmmで表したものです。以下は1時間あたりの降水量を表したものですが、短時間の降水量が少なくても断続的に降り続けると被害は大きくなります。2018年の西日本豪雨では、高知県などで11日間で1000mm（=1m）超の降水量を記録しました。

20 〜 30㎜／1時間

どしゃぶりの状態で傘をさしていてもぬれる。地面一面に水たまりができる。家屋で寝ている人の半数は雨に気づく。車のワイパーを速くしても見づらい。予報用語は「強い雨」。

30 〜 50㎜／1時間

バケツをひっくり返したような激しい雨。道路が川のようになる。高速走行時、車輪と路面の間に水膜ができてブレーキがきかなくなる「ハイドロプレーニング現象」を起こすこともある。予報用語は「激しい雨」。

50 〜 80㎜／1時間

滝のように降り続け、傘は役に立たない。視界が悪くなるほどの水しぶきが上がり、一面が白っぽくなる。車の運転は危険。予報用語は「非常に激しい雨」。80㎜以上は「猛烈な雨」と呼ばれ、圧迫感や恐怖感を与える。

風水害

浸水したときに起こること

洪水が起こったり、排水路や下水管の処理能力が限界に達したりすると、市街地や家屋などが水で覆われます。これを浸水といい、成人男性でも膝程度の深さの水の中では歩けなくなるので、そうなる前にすぐに避難をしましょう。

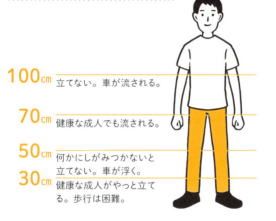

- 100cm 立てない。車が流される。
- 70cm 健康な成人でも流される。
- 50cm 何かにしがみつかないと立てない。車が浮く。
- 30cm 健康な成人がやっと立てる。歩行は困難。

膝の深さの水で歩けなくなる

氾濫した水の流れは勢いが強いため、大人でも膝程度の深さで歩けなくなる。避難場所まで行けない場合は、近くの高い建物に避難する。

マンホールや用水路への落下

水が濁り、ふたの開いたマンホールや側溝、障害物が見えなくなる。やむを得ず歩く場合は、長い棒で足元を確認しながら移動する。

閉じ込められる

10cmの浸水で車のドアが開かなくなる。車内には脱出用のハンマーを常備しておきたい。家屋のドアも20cmの浸水で開かなくなる。特に地下室は危険。

風水害
警報・避難勧告の意味を知る

2019年3月29日から、避難勧告に関する警戒レベルが1〜5の数字表記に変更されました。市区町村から発表される避難情報をこまめにチェックし、適切な避難行動をとってください。

警戒レベル	避難情報／避難行動 （市区町村が発表）	防災気象情報 （気象庁などが発表）
レベル5 （災害発生）	**災害発生情報** すでに災害が発生している状態。命を守るための最善の行動をとる。 ※レベル5の発令は待たず、レベル3、レベル4で避難を完了すること。	● 大雨特別警報 ● 氾濫発生情報 など
レベル4 （全員避難）	**避難勧告／避難指示（緊急）** 危険な区域の外の少しでも安全な場所に速やかに避難する。道路冠水や土砂崩れですでに避難が困難になっているおそれがあるため、早めに避難を完了する。	● 土砂災害警戒情報 ● 氾濫危険情報 など
レベル3 （高齢者等は避難）	**避難準備・高齢者等避難開始** 避難の準備を開始し、高齢者など避難に時間がかかる要配慮者の避難を始める。水位上昇のおそれがある河川沿いに住む人たちも避難を。	● 大雨警報 ● 洪水警報 ● 氾濫警戒情報 など
レベル2	ハザードマップなどで避難行動を確認する。大雨注意報・洪水注意報などが発令されることも。	多くの場合、防災気象情報は市区町村からの避難情報より先に発表されます。より安全に避難するために、気象庁のHP、市区町村の発令（HP、テレビ、ラジオなど）を見て、瞬時に判断しましょう。
レベル1	災害に対しての心構えを高める。	

出典：内閣府「避難勧告等に関するガイドラインの改定」
　　　気象庁「防災気象情報と警戒レベルとの対応について」

※2019年8月現在の名称です。必ずしもこの順に発令されるわけではありません。

避難情報の意味を知る

2021年5月20日から、「避難勧告」が廃止され、「避難指示」に一本化されました。警戒レベル4「避難指示」の段階で、必ず全員避難します。レベル5の発令を待ってはいけません。

警戒レベル	避難情報／避難行動 (市区町村が発表)	防災気象情報 (気象庁などが発表)
レベル**5** (災害発生、 または切迫)	**緊急安全確保** すでに災害が発生、または切迫している状態。命を守るための最善の行動をとる。 ※レベル5の発令は待たず、レベル3、レベル4で避難を完了すること。	● 大雨特別警報 ● 氾濫発生情報 　　　など
レベル**4** (災害のおそれが高い)	**避難指示** 全員が、安全な場所への避難を完了させる。基本は立ち退き避難だが、浸水や倒壊の危険がなく、備蓄も充分な場合は、屋内に留まり安全を確保することも可能。	● 土砂災害警戒情報 ● 氾濫危険情報 　　　など
レベル**3** (災害の おそれあり)	**高齢者等避難** 高齢者など避難に時間がかかる要配慮者は避難。それ以外の人たちも自主的に避難を始める。	● 大雨警報 ● 洪水警報 ● 氾濫警戒情報 　　　など
レベル**2**	天候情報を注視し、ハザードマップなどで避難行動を確認する。	多くの場合、防災気象情報は市区町村からの避難情報より先に発表されます。より安全に避難するために、気象庁のHP、市区町村の発令 (HP、テレビ、ラジオなど) を見て、瞬時に判断しましょう。
レベル**1**	災害に対しての心構えを高める。	

出典：内閣府「避難情報に関するガイドライン (令和3年5月10日公表)」
　　　気象庁「防災気象情報と警戒レベルとの対応について」

※ 2021年5月現在の名称です。必ずしもこの順に発令されるわけではありません。

土砂災害

事前の備えと警報後の行動

土砂災害は主に大雨や集中豪雨、地震などで発生します。突発的な大きな破壊力で山やがけを崩壊させ、瞬く間に建物をのみ込みます。目に見える兆候が現れてからでは避難は間に合いません。いつもと何か違うと思ったら警戒が必要です。

❶ 自分の土地が土砂災害警戒区域か事前に確認する

自分の住む土地が、土砂災害にあうおそれがある「土砂災害警戒区域」かどうかを確認する。国土交通省や地方自治体のホームページで確認できる。

土砂災害警戒区域	土砂災害のおそれがあり、土砂災害が発生した場合、生命または身体に危害が生じるおそれがある区域。警戒避難体制を特に整備すべき土地。
土砂災害特別警戒区域	土砂災害警戒区域のうち、建築物に損壊が生じ、人に著しい危害が生じるおそれがある区域。建築物の構造が規制されている。

❷ 大雨警報をチェックする

雨が降り出したら「大雨警報」をテレビやラジオ、気象庁のホームページで確認する。

❸ 避難が間に合わないときは上の階へ

緊急避難場所への避難が間に合わなかったときは、斜面とは反対側の、頑丈な建物の2階以上など、建物内のできるだけ安全だと思われる場所に避難する。

土砂災害の種類と危険な場所

土砂災害警戒区域や特別警戒区域は「土砂災害防止法」で定められています。自分の住む地域が対象かどうかチェックしましょう。

がけ崩れ

豪雨や地震などで急な斜面がゆるみ、突然崩れ落ちる現象。崩れるスピードが速く、人的被害が多い。

〈前兆〉
- がけや斜面にひび割れができる
- 地鳴りや異様な音がする
- 小石が落ちてくる

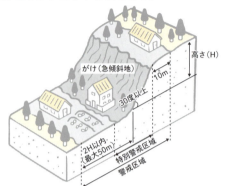

土石流

長雨や集中豪雨の影響で、山腹や渓流にたまった土砂や石が一気に下流へ押し流される現象。「てっぽう水」とも。

〈前兆〉
- 雨が降っているのに川の水位が下がる
- 川の水が濁り流木が流れてくる
- 山鳴りがする

地すべり

地下水の影響などにより、斜面がゆっくりと下方へすべり落ちる現象。表層崩壊と深層崩壊がある。

〈前兆〉
- がけや斜面から水がふき出す
- 地面のひび割れ、陥没が起こる
- 沢や井戸の水が濁る

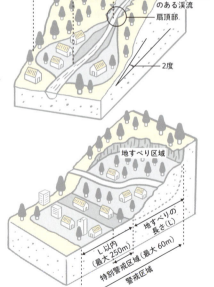

※ここに示した前兆はすでに高い場所や上流のほうで何らかの地形変化が発生していることを示す現象なので、これらに気づいたらただちに避難してください。

火山の噴火

高まっている噴火の危険

日本には活火山が111あり、世界の約7％を占めています。箱根山や伊豆大島、富士山など、観光地として人気の場所も活火山です。噴火の可能性を視野に入れておきましょう。

火砕流の発生
数百度の非常に高温の溶岩片、火山灰、火山ガスなどが斜面を時速数十〜数百kmで流れる。

山体崩落
もともと不安定な構造の火山は、噴火を引き金に大崩壊を起こすことがある。大量の崩壊物質は、高速で流動する。

火山灰の堆積
直径2mm以下の噴出物を火山灰という。数十〜数百km以上運ばれて降下・堆積し広い範囲に影響を及ぼす。

噴石
火口から吹き飛ばされる岩石。飛来距離は2〜4kmと比較的短いが、建物の屋根を打ち破るほど破壊力が強い。

溶岩の流下
マグマが火口から噴出して高温の液体のまま地表を流れ下る。通過したところは焼失・埋没する。

火山ガス
マグマに溶けている水蒸気や二酸化炭素、二酸化硫黄、硫化水素などの成分が、気体となって放出される。

日本に点在する活火山

111の活火山のうち常時観測が必要な火山は50あり、さらに41の火山で噴火レベルが運用されています（2019年4月現在）。発表中の噴火警報を確認しておきましょう。

噴火警報・予報の種類

気象庁では、活火山を対象に噴火警報・予報を発表しています。特に警戒が必要な山には噴火レベルが運用されます。

種別	名称	レベル	状況・行動
特別警報	噴火警報（居住地域）	レベル5（避難）	居住地域に重大な被害を与える噴火が発生、または切迫した状態にあり、住民は危険な地域からの避難が必要。
特別警報	噴火警報（居住地域）	レベル4（避難準備）	居住地域に重大な被害を与える噴火の可能性があり、避難の準備や、高齢者などの避難が必要。
警報	噴火警報（火口周辺）	レベル3（入山規制）	居住地域の近くまで重大な被害を与える噴火がすでに発生、または予想されており、登山は禁止。入山は規制され、危険な地域への立ち入りも規制される。高齢者などは避難の準備を始める。
警報	噴火警報（火口周辺）	レベル2（火口周辺規制）	火口周辺に影響を与える噴火がすでに発生、または予想されており、火口周辺への立ち入りが規制される。
予報	噴火予報	レベル1（活火山であることに留意）	火山活動は落ち着いている。火口内で火山灰の噴出が見られる場合などは火口内への立ち入りが規制される。

参考：「噴火警報・予報の対象範囲」気象庁ホームページ

噴火から身を守るには

火山が噴火すると、ガスの放出、岩石の飛来、溶岩の流出、降灰などによって甚大な被害がもたらされます。避難する際は、必ず目・鼻・口を覆い、肌の露出を控えましょう。

❶ ハザードマップをチェックする

各自治体の「ハザードマップ」で、噴火時に発生する溶岩流や降灰などの被害予想エリアを事前に確認。避難方法を想定しておく。

❷ 目・鼻・口を守る

灰やガス、岩石などを防ぐためにヘルメット、ゴーグル、マスクは必ず用意。長袖、長ズボンで肌を覆うことも忘れずに。

「富士山火山防災マップ」(内閣府) (http://www.bousai.go.jp/kazan/fujisan-kyougikai/fuji_map/img/common_h.jpg) の一部

- ヘルメット
- ゴーグル
- (防じん)マスク
- 長袖シャツ、上着
- 軍手
- 長ズボン
- 底の厚い靴

避難の流れ

 噴火警報 → ブレーカーをオフ、ガスの元栓を閉める → 肌を露出せずに避難

気象庁火山観測データ ▶ https://www.data.jma.go.jp/svd/vois/data/tokyo/open-data/data_index.html
火山に関する情報や解説、警報を確認できる。

column3

知っておきたい

緊急地震速報後の行動

緊急地震速報を見聞きしたとき、強い揺れが来るまでのわずかな時間にとるべき行動を覚えておきましょう。ただし、その猶予は短く、震度7クラスの揺れが始まったら身動きはとれないので、事前の備えをしっかりと行っておくことが大前提です。

家の中にいたら

座布団などで頭を保護し、大きな家具からは離れて頑丈な机の下に隠れる。あわてて外に飛び出したり、無理に火元に近づいたりしない。

エレベーター内にいたら

一番近い階のボタンを押して停止させ、すぐに降りる。

自動車の運転中は

スピードはあわてて落とさず、ハザードランプを点灯させながら徐行する。周りを確認して道路の左側に停車させエンジンを切る。揺れがおさまったら外に出て、キーをつけたまま避難する。

山やがけ付近にいたら

落石やがけ崩れの危険がある場所から早急に離れる。

商業施設にいたら

陳列棚や吊り下げ照明などからは離れ、頭を保護して揺れに身構える。あわてて出口や階段に向かわず、係員の誘導に従う。

町中にいたら

ブロック塀や自動販売機から離れ、看板や窓ガラスの破片の落下に注意して建物から離れる。

電車・バスの中にいたら

つり革や手すりにしっかりとつかまり、身を投げ出されないように身構える。係員の指示に従い避難する。

海岸付近にいたら

揺れがおさまったらすぐにその場から離れ、高台へ避難する。

出典:「「緊急地震速報」と「津波警報」いざそのとき、身を守るために!」政府広報オンライン

第5章 身につける

もしものときに役立つ
応急手当や救助の方法を
覚えておきましょう。
身につけた技術や判断が、
救える命を増やします。

基本の応急手当

用意しておきたい救急セットの中身

災害時には救急隊はすぐに来ない

大規模災害時は、多くのケガ人が同時に発生します。道も渋滞し、救急隊はすぐには来てくれません。救急セットを用意し、避難時に持ち出せるようにしておきましょう。特に三角巾はいろいろな場面で重宝します。

携帯用救急セット一覧

- □ 絆創膏
- □ 滅菌ガーゼ
- □ 滅菌脱脂綿
- □ 綿棒
- □ 消毒液
- □ とげ抜き
- □ 三角巾
- □ 包帯
- □ マルチナイフ

役立つ日用品

身近な道具も応急処置に役立つ。小さく巻き直したガムテープや大判ハンカチ、レジ袋は携帯しておくとよい。

雑誌、新聞紙
丸めて使えば骨折時の添え木代わりになる。

ガムテープ
包帯を留めるときや手足の固定に。60cm分程度を巻き直して携帯する。

ネクタイ
添え木の固定や包帯の代わり、止血帯として。

ラップ
添え木の固定ややけどの応急手当、三角巾代わりに。

大判ハンカチ
ガーゼや包帯、マスクとして使用できる。添え木の固定や三角巾代わりに。

レジ袋、ポリ袋
感染予防に手を覆って作業できる。ゴム手袋などもあるとよい。

基本の応急手当

止血方法

素早く対処しなければ命に関わる

成人は全血液量（体重1kgあたり約80㎖）の1/3を失うと命の危険にさらされます。子どもの場合は少量でもショックを起こす危険があり、新生児は30㎖の出血でも命の危険があります。なるべく早く出血を止め、安静にさせることが大切です。

直接圧迫法

傷口を直接押さえつけ止血する、もっとも基本的な方法。包帯をきつく巻くことでも同様の効果を得られる。

使用するもの ●レジ袋 ●大判ハンカチ、滅菌ガーゼなど ●ネクタイ、包帯など

① レジ袋などで手を覆う

感染予防のため、ビニール袋やポリ袋で手を覆う。

② 傷口を心臓より高く上げる

出血箇所が腕や脚ならば、心臓より高く上げる。ただし、負傷者の負担になる場合は無闇に動かさない。

③ 傷口を直接圧迫する

傷口に清潔なハンカチやガーゼを当て、きつく押さえつける。片手で止まらない場合は両手で体重をかけて圧迫する。

④ ハンカチや包帯で固定する

血が止まったら清潔なハンカチやネクタイ、包帯などで固定し、医療機関へ搬送する。

止血帯法　動脈を縛って血流を止めることで止血する方法。失敗すると、止血帯部分より先が壊死する危険がある。直接圧迫法（P123）で止血できず、やむを得ない場合にのみ用いる。

使用するもの　●大判ハンカチ、ネクタイ、三角巾など　●棒　●筆記用具

① 傷口より心臓に近い動脈に止血帯を結ぶ

大判ハンカチなどをたたんで5cm幅の止血帯を作る。傷口より心臓に近い部位に当て布を置き、止血帯を緩く二重に結ぶ。

② 棒を入れる

手で当て布を押さえながら、結び目の間に棒を入れる。

③ 出血が止まるまで棒を回す

棒をねじって回し、出血が止まるまで締め上げる。中途半端だとかえって出血が増すので、必ず血が止まるまで締める。

④ 止血開始時刻を記入する

血が止まったら棒を固定し、見える場所に止血を開始した時刻をメモしておく。

⑤ 30分以上続ける場合は一度緩める

血流を止めすぎると壊死の危険がある。30分で一度止血帯を緩め、止血帯より先の部位が赤みを帯びて出血部から血がにじみ出る程度まで5～10分休ませる。この間は直接圧迫法を行う。

> **注意**
>
> ひもやロープ、針金など細いもので縛ると四肢を傷つける危険があるため、幅3cm未満のものは止血帯に使用しない。

基本の応急手当

やけどの手当

清潔な水で服ごと冷やす

服の下をやけどしている場合は、服の上から清潔な流水をかけて冷やし、痛みをやわらげる。軟膏や消毒液などの異物はすべて治療の妨げとなり、感染の原因になるので使用しない。

やけどの程度

軽度（1度）	皮膚の表面が赤くなり、ヒリヒリする。押すと白くなるが、すぐに赤く戻る。日焼けもこの一例。数日で治る。
中等度（2度）	皮膚が赤く腫れ上がり、強い痛みがある。水ぶくれができていて、感染症の危険がある。
重度（3度）	水ぶくれがやぶけ、組織が白く変色しているか、炭化して黒くなっている。神経へのダメージで痛みを感じないことも。

①15分以上冷やす

痛みがやわらぐまで15～20分程度優しく流水で冷やす。オケに手を入れ、水をあふれさせながら冷やすのでも可。体が冷え過ぎないように注意。

②中等度以上なら減菌ガーゼか食品用ラップで包む

やけどの程度が中等度以上なら、患部をガーゼやラップで保護し、包帯をして病院へ。

三角巾での包み方

基本の応急手当

骨折・捻挫の固定方法

骨折の疑いがあったらまず固定

骨折や捻挫は、なるべく動かさないことが大切です。骨折（捻挫）したかな、と思ったら患部の上下の関節に添え木を当て、固定をしましょう。慌てて無理に動かさないこと。

患部の固定

| 使用するもの | ●新聞紙、雑誌、傘など（添え木になるもの）
●大判ハンカチ、ネクタイなど　●レジ袋、ラップ、三角巾など |

① 固定する

丸めた新聞紙など、折れた部分の上下の関節に届く長さのもので骨折部分を支える。大判ハンカチなどで固定する。

② 固定箇所を吊る

骨折が腕ならば固定した部分を三角巾などで吊る。さらに、ネクタイなどで胸に縛りつけて安定させる。

レジ袋で即席三角巾

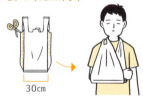

縦45cm以上、底の長さが30cm程度のレジ袋の片側を下まで、反対側は下を2cmほど残して切り込みを入れる。下まで切った側から頭を入れて、少し残したほうを肘側に当てる。

脚
傘など

指
ペン、スプーンなど

正しい救助方法

救助から一次救命処置

瓦礫からの救助は必ず2人以上で

大きな災害時はレスキュー隊はなかなか来ないので、閉じ込められたり、瓦礫の下敷きになっている人を見つけたら、自分たちで救出する必要があります。ただし、自分1人で行動せず、必ず応援を頼むこと。1人での作業は二重事故につながります。

① 救助者の安全が第一

救助に当たる際は周りに危険なものがないか、余震などで状況が変化したときに危険が及ばないかを確認してから行う。

② 声をかける

救助が困難な場合は救急隊員やレスキュー隊を要請しながら、要救助者に声をかけ、励ます。ネガティブなことは言わない。

クラッシュ症候群に注意

体の一部が長時間圧迫されたあとに解放されると、蓄積された毒素が全身に回り、心臓機能などに支障をきたし、最悪の場合死に至る危険がある（クラッシュ症候群）。圧迫が2時間以上にわたっている場合は無理に瓦礫を動かさず、レスキュー隊と救急隊が来るまで声かけなどで安心させる。

命を救うのは初めの3分

心臓が停止し3分が経過すると、その後の処置をしても死亡する確率は50％と言われている。脳へ酸素が供給されない時間が続くと、脳へ不可逆のダメージを与えてしまう。意識不明者や心肺停止者を発見した場合は特に迅速な対応が求められる。ためらわず一次救命処置（P128）をとることが大切である。

一次救命処置の流れ

心肺停止時、特別な器具を用いずにできる蘇生法。1分1秒をおろそかにしないことが重要になる。

周囲の安全を確認する

↓

反応を確認する
肩を軽く叩きながら大きな声で「聞こえますか？」などと呼びかける。

　→ 反応あり → **楽な姿勢をさせて救援を待つ（P130）**

↓ 反応なし

大声で助けを求める
周りに人を集め、「あなたは救急車」「あなたはAED」と個々に指示をする。人がいなければ処置を続けながら救急車を呼ぶ。

呼吸を確認する
胸や腹部を見て、「通常通りの呼吸」であるかを10秒以内に判断する。迷う場合は呼吸なし（異常あり）と見なす。

　→ 通常呼吸 → **楽な姿勢をさせて救援を待つ（P130）**

↓ 異常あり

ただちに胸骨圧迫を開始する
呼吸や脈の確認に時間をかけず、迷ったらためらわずに胸骨圧迫を開始する。

- 1分間に100〜120回のペースで絶え間なく
- 5〜6cmの深さ（単3電池の長さ）で圧迫する
- 圧迫後は毎回胸の高さが元の位置に戻るまで圧を解除する

傷病者の横に膝をつき、両腕をまっすぐ伸ばして圧迫する。小児（1〜12歳）には両腕または片腕で胸の厚さの約1/3まで圧迫し、乳児（1歳未満）には中指と薬指で行う。

両手を重ね、手首のつけ根で圧迫する。

左右の乳頭を結んだ真ん中（胸の真ん中の一番高いところ）を圧迫する。乳児の場合は真ん中の少し足側。

人工呼吸は訓練を受けた人が行う

対応者にそのスキルと意思があれば人工呼吸を行う。気道を確保し、胸骨圧迫30回に対して人工呼吸2回を行い、これを繰り返すのが望ましい。スキルがないか、ためらいがある場合は胸骨圧迫に専念する。

回復なし

AEDを使う

AEDが到着したら、音声ガイダンスに従い使用する。

① 電源を入れる

ふたを開ける、または電源ボタンを押して電源を入れる。

② 電極パッドを貼る

衣服を脱がせ、右胸と左脇腹に電極パッドを貼る。衣服をはぐのをためらわないこと。ブラジャーも、金属がやけどの原因になるので外す。

③ 電気ショックを行う

AEDが電気ショックの必要の有無を判断する。ガイダンスに従い、誰も傷病者にさわっていないことを確認し、電気ショックボタンを押す。

回復なし

胸骨圧迫を再開する

電気ショック後（または電気ショック不要とのガイダンス後）は、ただちに胸骨圧迫を再開する。電極パッドは救急隊に引き継ぐまで貼ったままにしておく。

※一次救命処置の流れは「JRC蘇生ガイドライン2015」に依拠しています。

正しい救助方法

症状別 寝かせ方の例

無理に動かさない

倒れている人を見つけたときなどは、その場にとどまることに危険がなければ、傷病者を無理に動かしてはいけません。楽な姿勢で寝かせて負担を軽減させ、応急手当や救急の要請を行いましょう。下記の姿勢は参考なので、体位を強制する必要はありません。

吐物などによるちっ息の危険があるとき／そばを離れるとき

回復体位

体を横にし、あごを前に出して気道を確保する。上の足を曲げて前に出して、体を安定させる。

やけどや出血でショック状態にあるとき

ショック体位

衣服をゆるめ、両膝を30cm程度上げた状態で寝かせる（頭部にケガがあれば足は上げない）。毛布などをかけて保温する。

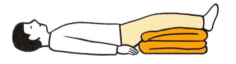

胸や呼吸が苦しそうなとき／頭にケガをしているとき

半座位

寝かせると心臓に急な負担がかかることがあるので、上半身を45度程度起こした状態で座らせる。

正しい救助方法

溺れている人を救助する

絶対に泳いで助けに行ってはいけない

慌てて水に入り要救助者に近づくことは危険です。たとえ子ども相手であっても、抱きつかれたりするだけで自分も水の中に引きずり込まれます。周辺のものを使って救助を試みましょう。

大声で人を呼ぶ
まずは周囲に人を集め、協力を求める。

声かけをして落ち着かせる
溺れている人はパニックになっていることが多いので「これから助けること」「落ち着いて、あおむけに浮いて待つこと」を伝える。

① ペットボトルを投げる

ペットボトルにつかまり、浮力を得る方法。空ボトルよりも、少しだけ水を入れたほうがうまく投げられる。2ℓのペットボトル1本分は必要。

② 棒やロープ、衣服を投げる

四つんばいになり、ロープを投げる。ロープの先には8の字結び(P132)でコブを作っておく。衣服をつないでロープにしても。

③ 複数人で手をつないでチェーンになる

お互いの手首をしっかりとつかんで人間チェーンになり、溺れている人のところまで行く。陸の一番端にいる人は木など安全なものにつかまる。

自分が溺れたときは…あおむけで浮いて待て！

溺れたときは慌てて動くと余計に沈んでいってしまい、苦しくなる。とにかく落ち着き、あおむけに浮いて救助を待つこと。

正しい救助方法

ロープ結びが命を救う

たったひとつの結び目が生死を分ける

要救助者がつかんだロープの先に、ひっかかりとなるコブがあること。つないだロープを引っ張っても切れないこと。それだけで救助の成功率が上がります。肝心な場面でほどけないロープの結び方を覚えておきましょう。

溺れた人にロープを投げるときに

8の字結び

ロープの途中にコブを作る結び方。結び目が数字の8に見える。要救助者がつかむときにこのコブがあることで、手からすり抜けづらくなる。

①
輪を作り、先端を上から下に回す

②
先端を上から輪に通す

③
8の字に見える形になる

④
左右を引っ張り、結び目を引き締めて完成

ほどくときは

印の位置を立てると結び目がゆるむ

溺れたときに自分の体を固定する／異なる材質のものをつなげるときに

もやい結び

ロープの先に輪を作る結び方。引っ張っても輪が小さくならず、異なる材質のロープや布を結んでつないでも取れない。溺れた人が自ら体にこの結びをすれば命綱にできる。

① ロープの途中に輪を作り、下から先端を通す

② 輪から出した先端を下から回す

③ 最初の小さな輪の中に先端を上から通す

④ 輪に通した状態

⑤ 輪から出た先端と根元を引っ張り、結び目を引き締めて完成

ほどくときは

印の位置をずらすと結び目がゆるむ

ロープ同士を結ぶときに

本結び

ロープ同士をつなぎ合わせる基本の結び方。比較的簡単にできるが、太さや材質の異なるロープには不向き。

① 先端同士をクロスさせ、下のロープをもう片方にくぐらせる

② くぐらせた状態

③ ①のときと上下は変えずに再度クロスさせ、上のロープを輪に通す

④ くぐらせた状態

⑤ 結び目を引き締めて完成

ほどくときは

同じ方向の先端と根元を反対に引っ張り合う

正しい運び方

1人でケガ人を運ぶ方法

緊急時のみ、無理せず行う

傷病者を運ぶことは、どんな体勢であれ傷病者の体に負荷をかけ、リスクになります。特に1人での運搬は危険なので、緊急時のみ、運び先と経路を確認して慎重に運びましょう。

背負い法

いわゆるおんぶ。短距離移動であれば背後から両脇の下に手を入れ、おしりを浮かせて引きずる方法にする。

傷病者の右手を上げ、右下に寝そべる。左足を傷病者の足の間に入れ、左腕を引っ張って背負い投げの要領で傷病者を背中に回す。

傷病者の下に入ったら両足を相手の足の内側におき、傷病者の両手首をつかんで体勢を整える。

体を傷病者の下半身の方向にずらして力を入れ、ぐっと持ち上げる。傷病者の腕を体の前でクロスさせると安定する。

傷病者の両膝の下から腕を回し、両手首をクロスさせたままつかんで固定する。

正しい運び方

2人でケガ人を運ぶ方法

傷病者の状態を見て慎重に

できれば傷病者の運搬は複数人で行いましょう。人数が増えるほど安定し、傷病者の負担も小さくなります。ケガの箇所、救助者につかまることができるかなどを考慮して運び方を決定します。

意識あり

救助者の首に自らつかまることができる場合はこの方法。傷病者の横について運ぶ。

救助者はそれぞれ傷病者の膝の下に片方の手を回し、お互いの腕をしっかりとつかむ。

もう片方の手を傷病者の背中に回し、お互いの腕をしっかりつかむ。傷病者には首に手を回してつかまってもらう。

意識なし

傷病者の意識がなく上図のように救助者につかまれないときは、救助者が傷病者の前後について運搬する。

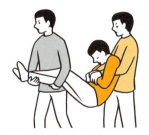

1人は傷病者の足を組ませ、まとめて抱える。もう1人は両脇の下に腕を入れる。

両脇から腕を入れた人は傷病者の腕をつかんで固定し、2人で慎重に持ち上げる。

正しい運び方

即席担架の作り方

一番安全なのが担架

傷病者にとってもっとも負荷が小さい搬送方法が担架です。竹や木、鉄パイプ、物干しざおなどがあれば即席の担架を作ることができます。担架はなるべく揺らさないようにしましょう。

着ている服で作る担架

シャツの第2ボタン以下を留め、両手でポールを持つ。別の人が、シャツを裏返しで脱がせるように一気にポール側にまくる。

両端から同様に行う。ポールに通す服は5枚以上あるとより安定する。トレーナーで作る場合、おしりが落ちないか試し乗りして確かめる。

毛布で作る担架

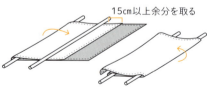

15cm以上余分を取る

毛布やシートを上のように折り重ねる。ポールがないときは、複数人で毛布の端をつかんで持ち上げるだけでもよい。毛布の端をくるくると丸めて持ち手を作ると持ちやすく運びやすい。

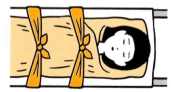

運ぶときは必ず固定！

第6章

やってみる

ライフラインが止まり、ものが尽きた状態で生き抜くための知恵は、アウトドア活動の中に隠されています。まずは、遊んでみるつもりで体験してみましょう。

アウトドアの知識は、災害時にも役立ちます。ただ、災害時に初めてアウトドア生活をすることは難しいので、普段から親しんでおくと安心です。

- 寒さに耐えられないとき
- ペットを飼っていて、一緒に避難生活したいとき
- 火をおこせる道具や燃料がなくなってしまったとき
- 家が住める状態でなく、避難所もいっぱいのとき
- 調理器具が使えなくなってしまったとき

キャンプへ行ってみたり、家の近くでバーベキューをしてみたり。楽しみながら、日常生活の中で防災スキルを上げていきましょう。

まずはキャンプに行ってみよう!

キャンプに必要なもの一覧

キャンプグッズには、そのまま防災グッズになるものが多くあります。普段から使いなれていれば、いざというときも問題なく使えます。

テント

寝袋

マット

バーベキューグリル

木炭

カセットコンロ

ガスボンベ

クーラーボックス 保冷剤

LEDランタン

乾電池

紙皿

紙コップ

焚き火台

テント生活

場所選び

生活の拠点となるテントは、立てる場所が重要になります。周囲より低い場所にある水の通り道や、トイレの近くは避けます。被災時、家の庭や公園にテントを立てるときもこれらに気をつけましょう。

水辺は避ける
河原や中洲など水の近くは絶対に NG。普段は問題がないように見えても、雨で一気に増水する危険がある。

低地や水の通り道は避ける
テントを立てようとしている場所が他と比べて低くなっていないかを要チェック。水がたまり、浸水や湿気に悩まされる。

施設の近くは避ける
トイレなどの施設のすぐそばに立てると、臭いや人の行き来が気になる。不便を感じない程度の距離を取るのが理想。

木の近くは避ける
木の近くは落雷による感電や倒木の危険がある。雨風が枝や葉を揺する音や、鳥の糞などの問題もある。

テント生活

快適な環境を作る

テントは使用人数などを考慮して選びましょう。テントの破れや傷を補修するリペア用品も必ず用意して使い方を確認し、いざというときに使えないということがないようにします。湿気や寒さ対策も考えましょう。

ドーム型
数本のポールで設営する人気のタイプ。小型から大型まであり、居住性が高い。

ワンポール式
1本のポールで設営するので収納がコンパクト。天井が狭く居住性でやや劣る。

注意
- テントの床にはマットを敷いて湿気を防ぐ
- 寝具とテントは毎日風通しのよい場所で乾燥させる
- 使用後は必ず道具を点検し、不備があれば修理する

身近なもので寒さ対策

被災地で役立つ！

耐熱性のペットボトル（飲み口が白、キャップがオレンジ）にお湯を満タンに入れ、タオルなどで包むと湯たんぽになる。

くしゃくしゃにした新聞紙を入れたゴミ袋の中に足を入れると温かい。ゴミ袋に穴を開け、上着のように被っても。

ダンボール箱をつなげ、中に入って寝る。被災時は避難所でのプライバシーの確保にもなる。

火をおこす

基本的な火のおこし方

マッチからいきなり大きな薪に火をつけようとしても、火は燃え移らず消えてしまいます。小さなものから火をつけ、徐々に大きくしていきましょう。

① 燃料をそろえる

火をつける前に、右の❶〜❹のような燃料となるものを集めておく。途中で足りなくなって火が消えてしまわないよう多めに準備する。

② 細い燃料から火をつけていく

マッチなどの火元から、右の❶(焚きつけ)に火を移す。空気を入れながら❷〜❹を順に加えて火を大きくしていく。

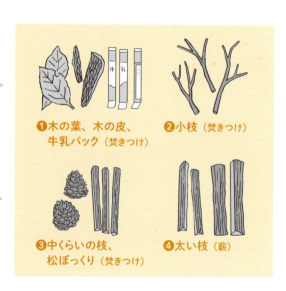

❶ 木の葉、木の皮、牛乳パック(焚きつけ)
❷ 小枝(焚きつけ)
❸ 中くらいの枝、松ぼっくり(焚きつけ)
❹ 太い枝(薪)

注意点

必ず乾燥した木を燃やす

焚きつけや薪は、湿っていると火がつきにくいので、乾いたものを使用する。マッチや焚きつけはビニール袋などに入れて保管しておくとよい。表面が湿っている薪は、表面のみナイフで削れば中は使えることがある。

燃えやすいものは片づける

キャンプ場では燃え移り防止などのため、直火を禁止しているところが多くあるので、焚き火台があると便利。災害時は一斗缶などで代用するか、なければ枯葉など延焼しやすいものは火をつける前に掃除し、火災につながらないよう配慮する。

火をおこす

マッチがないときの火のおこし方

マッチやライターなどの火をつける道具がないときは、乾電池とスチールたわしがあれば簡単に火をつけられます。晴れていれば、太陽光を利用して水とポリ袋で着火する方法もあります。

乾電池・スチールたわし

伸ばしたスチールたわしの端に単1の乾電池をプラス面を上にして2つ重ねて置き、もう一方の端を上の電池に触れさせる。あれば革手袋をしておく。

水・ポリ袋・太陽光

ポリ袋に半分くらい水を入れ、こぼれないように口を縛り、ねじって球体にする。

球体に太陽光を当て、おがくずや、麻ひもを割いたものなど、燃えやすいものに光を集める。

被災地で役立つ！

火を消すときは

いきなり水をかけない

いきなり水をかけて火を消すのはNG。水蒸気によってやけどをしたり、急激な温度変化で焚き火台が変形することがある。薪同士がくっついているといつまでも燃え続けるので、薪を離して火の威力を弱め、火が消えるのを待つ。

公園での避難時は

ベンチがかまどになることも

災害時、公園で避難生活をする場合は、基本的に焚き火は禁止されているので、焚き火OKな場所を確認する必要がある。公園によっては、裏返すとかまどになるベンチを備えているところがあるので、地域の防災イベントなどに参加して使い方を確認してみるとよい。

水の確保

キャンプ流 基本的な水の使い方

アウトドアでは水は貴重なものですが、それは災害時も同様です。なるべく水を使わずにすむ工夫をしましょう。水は用途に分けてためておき、使い回すと無駄なく使えます。

水は使い回しが大原則

「飲料水」「汚れたものを洗う水」「トイレの水」などあらかじめ容器を分けておくと、無駄なく計画的に使える。トイレなどは綺麗な水を使う必要はないので、他の用途で使用した水をもう一度ためて使用するとよい。

被災地で役立つ！

食器の洗い方

3つのバケツで洗う方法が効率的。大きな汚れをティッシュなどで先にふき取れば無駄が減る。

洗剤を入れた、洗う用の水　　すすぎ用の水　　仕上げ用の水

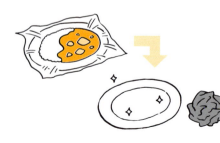

ラップの活用で水洗い不要に

ラップを敷いた皿の上に料理をのせ、食後にラップだけ捨てれば、皿を洗わず使い回せる。災害時は、スプーンなどは口腔ケア用ウェットティッシュ（P45）でふけばOK。

水の確保

飲料水を確保する方法

何らかの事情で飲料水が足りなくなってしまった場合、湧き水や川の水をそのまま飲むのは危険です。飲料水以外の水を飲めるようにする方法を知っておきましょう。

ペットボトルろ過器

- 濁った水
- 底を切ったペットボトル
- 丸めたハンカチ
- 砂・小砂利（なければ丸めたハンカチ）
- 木炭（焚き火の燃え残りなどでOK）
- 小石
- 3mm程度穴を開けたキャップ
- 綺麗な水

被災地で役立つ！ 携帯浄水器

容器タイプ　ストロータイプ

浄水器があれば手軽に飲料水を作れる。容器に入れ、押し出すと浄水が出てくるタイプや、除菌剤を入れてから直接吸い上げるストロータイプがある。

※ろ過した水は必ず10分以上煮沸殺菌してください。ただし、鉱物や農薬、洗剤など化学物質が溶け込んだ水にはろ過・煮沸殺菌の効果はありません。

安全な水を見分ける

- たまっている水ではなく流水である
- 太陽の光にかざしたときに無色透明で、不純物が混ざっていない
- 無味無臭のもの
- 湧き水のうち、流れ出している岩に赤や黒、茶色っぽい鉱物がついていないもの
- 上流に生活排水の下水口や工場の排水口がない川の水

水の確保

海水を真水にする方法

海水を飲むとさらにのどが渇き、体にも異常を来たすのでとても危険です。もしものときは、以下の方法で蒸留しましょう。

使用するもの　●大鍋　●タオル　●耐熱コップ　●石　●中華鍋

大鍋に1/3ほど海水を入れ、重しとなる石を入れた耐熱コップを中央に置く。大鍋のフチにはタオルを巻く。

大鍋の上に海水を入れた中華鍋をのせる。

火にかける。大鍋の中の海水から上がった水蒸気が中華鍋の底で冷やされ、蒸留された水が中華鍋の底を伝ってコップの中に落ちる。

※蒸留した水はその日のうちに飲みきってください。

キャンプ料理

アルミ缶で簡易コンロを作る

空き缶を使って簡易コンロを作ることができます。災害時にカセットコンロのガスボンベが切れてしまったときなどに、簡単に作れてそのまま調理に使えるので、作り方を覚えておきましょう。

| 使用するもの | ●アルミ缶（350㎖）3本　●アルミホイル　●つまようじ　●ティッシュ　●サラダ油　●ハサミ |

被災地で役立つ！

① アルミ缶を切る

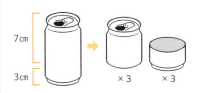

ハサミを使い、3本のアルミ缶をそれぞれ上から7㎝、3㎝の高さに切る。

② アルミホイルを折る

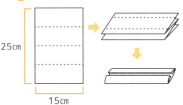

25㎝×15㎝に切ったアルミホイルを四つ折りにし、さらに内側に折る。

③ 芯をセットする

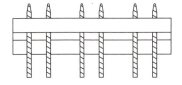

2ヵ所ずつ間隔を空けながら、つまようじなどで穴を開ける。細くねじったティッシュ（芯）を入れ、上から3㎜程度出す。

④ 並べる

③を丸めて3㎝のアルミ缶に入れ、サラダ油を入れる。高さ3㎝の缶3つの周りに7㎝の缶を並べ、芯に火をつける。

キャンプ料理

ポリ袋でごはんを炊く

ポリ袋でごはんを炊くほうが、鍋でごはんを炊くよりも水を節約でき、同時にレトルト食品なども温められるので一石二鳥です。炊飯用のポリ袋や耐熱性のファスナーつき保存袋が使えます。

被災地で役立つ！

使用するもの ●炊飯用ポリ袋／ファスナーつき保存袋（耐熱性） ●鍋

① ポリ袋に米と水を入れる

ポリ袋に米1合（180㎖／150g）と同量の水を入れ、30分待つ。袋の空気を抜いて口を閉じる。

② 鍋に入れる

米が浸かるくらいの深さまで鍋に水を入れ、沸騰したら①を入れる。鍋に入れる水は綺麗なものでなくてよい。

③ 炊き上がったら蒸らす

20分ほど中火にかけ、炊き上がったら火を止めて鍋の中で5分蒸らす。トングなどで鍋から取り出す。

④ アレンジする

ふりかけなどを入れて袋の上から握ればおにぎりができ、手も汚れない。保存袋であればそのまま保存可能。

キャンプ料理

アルミ缶でごはんを炊く

ポリ袋や鍋などもなくなってしまった場合には、アルミ缶を2つ使ってかまどと釜を作り、ごはんを炊くことができます。燃料には小枝や細く切った牛乳パックを利用します。

| 使用するもの | ●アルミ缶（350㎖）2本　●缶切り　●ナイフ　●目打ち　●アルミホイル　●割り箸　●小石　●タオル |

① カマドを作る

アルミ缶の上ぶたを缶切りで切り取り、目打ちで上部に空気穴を3つ開ける。ナイフで側面に薪を入れる用の穴を開ける。

② 米を研ぐ

もうひとつのアルミ缶の上ぶたを缶切りで切り取り、米1合弱を入れ、少量の水を入れて割り箸などで2〜3回研ぐ。水を捨ててから米と同量の水を入れる。

③ 炊く

①に②をのせ、アルミホイルでふたをして、小石で重しをする。かまどの穴から燃料を入れて30分火にかけ、炊き上がったらタオルなどで手を保護しながら火からおろして5分蒸らす。

注意

- 上ぶたを切ったアルミ缶はすすいでから使う
- 火が消えないように、燃料（P142）は絶やさない
- 火にかけたアルミ缶は素手でさわらない
- 焦げないように途中で中の様子を確認する

キャンプ料理

かんたん！エコ調理法

キャンプや災害時に便利な調理法をご紹介します。自然のエネルギーや余熱を利用することで、無駄なく料理することができ、ライフラインが止まってもさまざまな料理が作れます。

ホイル包み焼き

バーベキューグリルや七輪、木炭があれば、炭火焼き料理が作れる。包み焼きなら好みの食材を包んで焼くだけなので簡単。

① 好みの食材を用意し、食材の大きさに合わせ、包める大きさにアルミホイルをカットする。
② アルミホイルに油（オリーブオイルなど）を塗り、食材を入れて閉じる。
③ 炭火で10分程度蒸し焼きにする。

省エネゆで卵

被災地で役立つ！

紙コップや牛乳パックの中に、卵と卵が隠れるくらいの水を入れて焚き火の近くに置いておくと、ゆで卵ができる。火に近づけすぎるとコップに火が燃え移ってしまうので注意。

余熱で煮込み料理

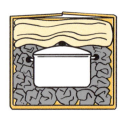

ダンボール箱に丸めた新聞紙や毛布を詰めると保温BOXになる。5分間沸騰させた鍋にふたをしてこの箱に入れ、さらに箱の周りも毛布などで包んでおけば、2〜3時間で煮込み料理ができる。

太陽光を利用する

太陽光を集めて熱に変え、熱を逃がさないようにするソーラークッカーという調理器具を自作して、焼き物や煮込み料理を作ることができます。

| 使用するもの | ● 太陽光を集めるもの（アルミホイル、アルミシート、レンジフードなど）
● 光を熱に変えるもの（黒い鍋、黒く塗った空き缶など）
● 熱を逃がさないもの（ペットボトル、ポリ袋、新聞紙、発泡スチロールなど） |

光を熱に変えるもの（上ぶたを切り取って黒く塗った空き缶など）の中に食材を入れ、熱を逃がさないもの（半分に切ったペットボトルなど）で覆い、レンジフードなどで太陽光を集める。晴れた夏の日など、条件がよければ30分〜1時間でゆで卵や目玉焼きが、3時間前後で煮込み料理やスープ料理類ができる。

太陽光で温水シャワーも作れる

被災地で役立つ！

ポリタンクに黒いビニール袋を被せ（または耐熱性のペットボトルを黒く塗り）、水を入れて3時間ほど直射日光に当てておけば、40度前後のお湯になる。空気を抜き、ボンネットなどの上に置けば熱を遮られず、地面が冷えていても効率よく温められる。ホースをつければシャワーになる。

サバイバルアイデア

野外で使えるトイレを作る

トイレのない野外での活動時や災害時は、穴を掘ってトイレを作ることがあります。水質汚染を防ぐため、川などの水辺から最低10〜20mは離れたところに作るのがポイントです。トイレットペーパーは別に処分します。

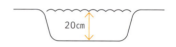

穴を掘って板を2枚置けば簡易トイレが完成。使用後は土を被せて臭いをおさえる。杉の葉も消臭に使える。

穴の深さは20cmほど。いっぱいになったら土を被せ、木の枝や札を立てるなどして、トイレだったことがわかるようにしておく。

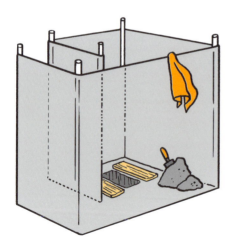

シートなどで目隠しを

シートやテントで目隠しをすれば落ち着いて使用できる。スカーフを垂らすなど、使用中だと外からわかるようにする。

居住区よりも低い場所に

トイレを作る場合は、居住区よりも低い位置で、かつ風下に作ること。

イスを便座にしてトイレを作る

被災地で役立つ！

災害時は子どもや高齢者も簡易トイレを使うことを余儀なくされますが、和式トイレの場合使用が難しいこともあるでしょう。そんなときは、座面を外したイスを使えば簡易的な洋式トイレが作れます。

ダンボール箱+イス

ダンボール箱にゴミ袋を二重に被せ、丸めた新聞紙や紙おむつを敷き、座面を外したイスの下にセットする。縦に板などを2枚渡し、座る部分を作る。使用後は消臭剤をかける。イスの周りに布などを巻いておけばダンボール箱が見えないのでストレスが減る。

ポリバケツ+イス

地面に穴を掘り、ゴミ箱用のふたつきのポリバケツをはめ込む。ゴミ袋を二重に被せ、新聞紙など吸水材となるものを敷く。その上に、座面を外し縦に2枚板を渡したイスを置けばトイレの完成。

下水道マンホール+イス

マンションなどの集合住宅で全世帯のトイレが使用不可になった場合などは、マンホールのふたを開け、その上に直接トイレを設置する方法も。周りはシートなどで覆い、壊れたトイレの便座部分を外して取りつければ、より使いやすい。ただし、これは専用のマンホールに限られる。

サバイバルアイデア

もしものときの救助の呼び方

声が届かない、目視もできない場所で救助を呼ばなければならない状況のときは、光や煙を使って遠くの誰かに信号を送ります。その方法をいくつか覚えておきましょう。

昼間

シグナルミラー

太陽光を反射させ、ヘリなどの対象物に向かって反射光を送り、自分の存在を知らせる方法。普通の鏡だと対象物を狙って反射させるのは困難なため、照準を合わせられる専用のものがあるとよい。

3点焚き火

地上に焚き火を三角形に配置し煙を上げると、SOSというサイン。国際的に共通するサインである。

夜間

光で輪を描く

懐中電灯で居場所を示す。目的物からの距離が遠くなると正確に照らすことが難しいので、陸地の場合は地平線、海上の場合は水平線に向かって電灯を軽く振る。空からの救助を求める場合は空に向かって輪を描くように動かすとよい。

サバイバルアイデア

子どもたちにもアウトドアの体験を

災害時の生活は、子どもにとっては特に負担の大きいものですが、普段の生活や遊びの中で行う楽しいアウトドア体験が、もしものときに使える知識やスキルにつながります。

家の中でキャンプ体験

いきなりアウトドアに出かけることが難しければ、家の中で電気、ガス、水道を使わない擬似キャンプ生活をしてみる。子どもにとってはワクワクする遊びの一環で、大人も災害時をシミュレーションできる。

ハイキングやキャンプに行く

まずは日帰りのハイキングやバーベキューなどのアウトドア体験を。なれてきたら泊まりのキャンプなどにも行ってみる。災害対策などと考えず、レジャーとして楽しむ。

和式トイレを使わせる

災害時の簡易トイレは和式のものも多い。日ごろから、外出先や駅のトイレなどで和式のものを使う練習をしておく。

被災時は「遊び場」を作って

被災地で役立つ！

被災時、子どもは大人以上にストレスを受けやすく、PTSDのような症状を発症するケースも珍しくありません。子どもは言葉で気持ちを整理できない分、遊びで気持ちを発散させる必要があります。遊ぶ場所を作り、大人が見守ることが大切です。

自宅避難用備蓄おすすめグッズ

災害時、自宅で避難生活を快適に過ごすためのおすすめ商品です。P59、60、63〜65を併せて確認し、必要なものをそろえましょう。

② タフなゴミ袋
半透明45L 50枚入り
【TA-5】／日本技研工業

水の運搬や自作トイレに役立つ。雨具や防寒具の代わりにも。ローリングストック法で備蓄を。／オープン価格

▶ P53、57　1人1/2パック

① キッチンプロジェクト保存袋
中　透明50枚【PR02】／ジャパックス

食器に被せて使用すれば節水になる。手に被せて応急手当時の感染防止にも。耐熱性が低いため調理への使用時は注意。／オープン価格

▶ P44、53、122　1人1/2パック

④ 新聞紙 更紙　10kg／Kkoubo

印刷前の新聞紙。新聞をとっていない人はこれを保管しておく。普段はペットシーツや子どもの落書き用紙、梱包材として使用可能。Amazonなどで購入できる。／1980円〜

▶ P57、141　1人新聞紙2日分の量

③ からだふきボディータオル
【BW-580】／総合サービス

12枚セット。水が貴重な避難生活の中で体を清潔に保つための必需品。1人でも背中までふける大判サイズ。1カ月分用意する。保存可能期間は5年。／680円

▶ P58　1人3パック

⑥ エマージェンシーブランケット
（1人用）／スター商事

高純度のアルミ蒸着加工を施したアルミ面は、体が放射する体熱を90％反射する。たたむのも広げるのも簡単で、ガサガサと音がしない。／864円

▶ P45　1人1枚

⑤ オーラルプラス 口腔ケアウエッティー
（マイルドタイプ）100枚／アサヒグループ食品

家用のボトルタイプの口腔ケア用ウェットティッシュ。保存可能期間は3年。歯、手や体、スプーンや箸をふける。詰替え用（100枚・640円）もある。／800円

▶ P88、144　1人1.5〜2ボトル

⑧ ヘッドライト
【HDL200RD】／エナジャイザー

両手があくヘッドライトは懐中電灯よりも便利。防水機能搭載。コンパクトで、明るさ最大200ルーメン。点灯時間は最長50時間。単4電池3本使用。／オープン価格

▶ P45　1人1個

⑦ エクスプローラー
【EX-V777D】／GENTOS

LEDランタン。室内照明として部屋全体を明るくできる。360ルーメン。Highモードで約27時間点灯。単1電池3本使用。／オープン価格

▶ P54　1家庭3個

⑩ 食べながら備えるローリングストックボックス
／アサヒグループ食品

フリーズドライのセット商品。1度に2食ずつ食べる想定で3日分の食事に。日頃から食べながらストックする。アマノフーズのオンラインショップで購入可能。／4630円

▶ P49　1人1セット※

※食料はこのほか、レトルトや乾物、冷凍食品を併せて準備しましょう。

⑨ キリン アルカリイオンの水　6本カートン／キリン

1人1日最低2ℓの飲料水が必要。1週間分を使いながらストックする。2ℓペットボトル6本入りのほか、ECサイト限定で9本入りも購入可能。／1380円

▶ P52　1人2箱

⑫ イワタニカセットガス

（オレンジ）3P【CB-250-OR】／イワタニ

⑪での使用で1本で約70分調理可能。3本入り。中身のガスは変質しないが缶が劣化するため、普段使いして6～7年以内に使い切る。／600円前後

▶ P54　1家庭5～7セット

⑪ カセットフー スーパー達人スリム

【CB-SS-1】／イワタニ

薄型のカセットコンロ。フリーズドライ食品やレトルト食品を食べるためには必須。普段使いできるので1家庭に1台持っておきたい。／オープン価格

▶ P54　1家庭1台

⑭ 倍速凍結・氷点下パック L

【81660641】／ロゴス

ハイパー氷点下クーラーLのサイズに対応した保冷剤。釣ったばかりの魚をその場で凍らせる強力な保冷力は、冷凍食品の保存にも効果的。／1180円

▶ P54　1家庭1～2個

⑬ ハイパー氷点下クーラー L

【81670080】／ロゴス

クーラーボックス。保冷剤を入れて臨時の冷蔵庫に。外部の衝撃から中身を守るシェルプロテクト構造で、500mlペットボトル16本と保冷剤が入る容量。／9200円

▶ P54　1家庭1～2台

⑯ サニタクリーン　簡単トイレ

（20枚入り）【BS-140】／総合サービス

洋式便器に取りつけて使える非常用「携帯トイレ」。便や尿の水分を吸収・凝固する。紙おむつ同様の処理が可能で、消臭効果あり。／3000円

▶ P56　1人1セット

⑮ 手回し充電ラジオ

【RF-TJ20】／パナソニック

乾電池がなくても使えるコンパクトな手回し充電式ラジオ。USB電源で携帯電話・スマートフォンの充電が可能。LEDライト、サイレン機能つき。／オープン価格

▶ P76　1家庭1台

家具転倒・落下防止おすすめグッズ

地震の揺れによる家具転倒やインテリアの落下を防ぐためのおすすめ商品です。P30～33を参考に、自宅の家具に合ったものを選びましょう。

② ガムロック™ LL

【IB-03】／アイディールブレーン

L型金具シールタイプ。強粘着ゲルが変形し、家具と壁を貼りつけて転倒を防ぐ。壁に穴を開けずに取りつけ可能。洋服ダンス、本棚、冷蔵庫などの大型家具に。耐用年数10年。／W100mm×H80mm×D120mm／オープン価格

① 防災士がつくる転倒防止具 L字型金具

／有限会社大石製作所

L型金具ネジタイプ。家具の両端と壁の骨組などに取りつけるとよい。大小サイズ2個ずつと取りつけネジ入り。／（大）16mm×90mm×90mm（小）16mm×60mm×60mm／オープン価格

④ 家具転倒防止伸縮棒 S

【KTB-30】／アイリスオーヤマ

ポール式器具。強度のある家具の両端に取りつける。天井に強度がない場合はベニヤ板などを挟んでから取りつける。壁側に置き、家具の外側から2cmほど幅を空けて取りつけるのがよい。伸縮幅は30～40cm。／1380円（2本セット）

③ 家具ストッパー NHP

【LH-901NHP】／リンテック21

ベルト式器具。壁や家具を傷つけずに取りつけ可能で、家具の移動も不要。ベルトの伸びが衝撃を吸収し、壁への負担を削減。冷蔵庫、食器棚、本棚など。耐用年数5年。／L189mm×W42mm×H15mm／2980円

※商品情報は2019年3月現在のものです。価格は税抜き金額です。

⑥ 家具転倒防止安定板 ふんばる君 90 【M5880】／ニトムズ

ストッパー式器具。家具の下に敷いて家具の転倒を防ぐ。ネジやクギ不要で家具を傷つけない。ポール式器具と組み合わせると効果アップ。60㎝、120㎝タイプもある。／10mm×44mm×90㎝／オープン価格

⑤ スベリ止めマット BE 【SDM-M45BE】／武田コーポレーション

すべり止めシート。薄く目立たないので、タンスと天井の間にダンボールを詰めるとき（P31）、タンスの下に敷くとよい。食器棚の下に敷けば、揺れによる食器の破損を防げる。／約45㎝×125㎝×0.2㎝／オープン価格

⑧ 耐震マット 【P-N50L】／プロセブン

粘着マット式器具。取りつけ箇所の汚れを除去し、家具などの底面の四隅に貼るだけで転倒を防ぐ。4枚使用で耐震荷重100kg。厚さ5mm。透明タイプや小さいサイズもある。耐用年数5～7年。／50mm×50mm／オープン価格

⑦ 薄型テレビストッパー MN 【LV-324N】／リンテック21

液晶テレビ転倒防止器具。46インチ未満の薄型液晶テレビに対応。テレビスタンドとテレビ台を固定し、転倒を防ぐ。耐用年数10年。／44mm×45mm×10mm／2480円

⑩ 開き戸ロック スタンダードタイプ 【TSL-001】／和気産業

開き戸ストッパー。テレビ台や食器棚のガラス扉など開き戸の外側に取りつけて、地震の揺れで扉が開くのを防ぐ。真ん中のプッシュ部分を押しながらレバーを開閉する。／90mm×178mm×35mm／480円

⑨ ジョイントシール PF 【LJ-604】／リンテック21

連結固定器具。家具同士をつなげる。タンスなど2段重ねの家具をつなげたあと、L型金具などで転倒防止をする。薄いので邪魔にならず、透明なので目立たない。／100mm×100mm／1500円

⑫ 耐震ラッチパーフェクトロック 2個入り 【PFR-TSAα】／ムラコシ精工

開き戸ストッパー。地震発生時、センサーが揺れを感知して開き戸をロックし、中のものの落下を防ぐ。家具内側の天板と扉の裏側に同梱のビス（治具つき）で取りつける。オンラインショップなどで購入可能。／900円

⑪ 開き戸・引出しロックⅡ ワンプッシュタイプ 【TSL-018】／和気産業

開き戸・引き出しストッパー。引き出しの側面、または開き戸の外側に両面テープで取りつけるワンプッシュタイプ。ワンプッシュで開閉が可能。／約3㎝×17.5㎝／580円

⑭ タックフィット ガードテープ 【TF-GT0425W】／北川工業株式会社

落下防止器具。棚などの手前に貼りつけて、本やファイル、小物の落下を軽減する。貼りつける場所の長さに合わせて調整可能で、本などへのノリ残りがない。／40mm×2.5m／1500円

⑬ 耐震ラッチ 引き出し用 【KSL-DRI】／和気産業

引き出しストッパー。システムキッチンなどの引き戸の内側に取りつけ、地震の揺れによる飛び出しを防ぐ。粘着テープ式なので取りつけが簡単。／4.5㎝×2.5㎝×2.5㎝／1580円

※商品情報は2019年3月現在のものです。価格は税抜き金額です。

出典・参考文献

出典

「活断層及び海溝型地震の長期評価結果一覧(2019年1月1日での算定)」地震調査研究推進本部事務局 → P6

「日本海溝沿いの地震活動の長期評価」地震調査研究推進本部事務局 → P6

「首都直下地震の被害想定と対策について(最終報告)」内閣府 中央防災会議 → P6、7、17、38、43、48、81、103

「東日本大震災の概要」内閣府 中央防災会議 → P7

「南海トラフ巨大地震の被害想定について (第二次報告)」内閣府 中央防災会議 → P7、17、26、38、43、48、52、54、68、81、103

「避難者に係る対策の参考資料」内閣府防災担当 → P7、26

「東日本大震災と公的統計」総務省統計局 → P7、26

「平成23年(2011年)東北地方太平洋沖地震被害調査報告」国土交通省国土技術政策総合研究所、独立行政法人建築研究所 → P7、38

「首都直下地震帰宅困難者等対策協議会最終報告」内閣府防災担当 → P43

「東日本大震災における通信の被災状況、復旧等に関する取組状況」総務省総合通信基盤局 → P68

「阪神・淡路大震災の復旧・復興の状況について」兵庫県 → P81

「大規模災害時における罹災証明書の交付等に関する実態調査-平成28年熊本地震を中心として-」総務省九州管区行政評価局 → P94

2011年5月1日河北新報
「「津波の前必ず引き潮」 誤信が悲劇招く 岩手・大槌」→ P105

2011年4月10日河北新報
「「此処より下に家を建てるな」石碑の教え 守る」→ P106

2016年3月13日 BuzzFeed News
「奇跡は、『偶然』ではおきない」
園児を津波から救った保育所長が伝えたこと」→ P107

参考文献

『地震イツモマニュアル』地震イツモプロジェクト 編、永田宏和 企画 (ポプラ社)、『地震イツモノート』地震イツモプロジェクト 編、NPO法人プラス・アーツ 監修 (木楽舎)、『ボーイスカウト スカウト ハンドブック』(公益財団法人 ボーイスカウト日本連盟)、『ボーイスカウト フィールドブック』財団法人 ボーイスカウト日本連盟 著 (朝日ソノラマ)、『新冒険手帳【決定版】』かざまりんぺい 著 (主婦と生活社)、『災害復興法学Ⅱ』岡本正 著 (慶応義塾大学出版会)、『豪雨の災害情報学』牛山素行 著 (古今書院)、『防災に役立つ 地域の調べ方』牛山素行 著 (古今書院)、『人が死なない防災』片田敏孝 著 (集英社)、『新しいキャンプの教科書』STEP CAMP 監 (池田書店)

※本書の情報は2019年4月現在のものです。南海トラフ地震、首都直下地震は複数の被害想定が発表されていますが、本書ではその最大値を採用しています。

監修

永田宏和

NPO法人プラス・アーツ理事長。世界21ヵ国以上（2019年3月現在）での防災教育普及に取り組み、ファミリーで楽しく学ぶ防災訓練「イザ！カエルキャラバン！」を国内、海外で展開中。無印良品、NHKなど企業・メディアの防災アドバイザーも数多く務める。企画、監修した書籍に『地震イツモノート』（木楽舎）、『地震イツモマニュアル』（ポプラ社）などがある。

公益財団法人 ボーイスカウト日本連盟

1907年、イギリスのロバート・ベーデン＝パウエル卿により創立された、社会教育運動を行う世界的な団体。活動的で自立した青少年の育成を目的とし、日本全国に約2,000の活動母体をもつ。心身ともにバランスのとれた人格形成を目指し、「そなえよつねに」をモットーに、キャンプなどの野外活動において少人数のグループで活動することで子どもたちの自主性、協調性、社会性、たくましさやリーダーシップを育んでいる。

本文イラスト

ながのまみ

1987年大阪市生まれ。2005年、大阪市立工芸高等学校美術科日本画コース卒業。2007年大阪市立デザイン教育研究所卒業。大阪市内のデザイン会社にてパッケージデザインやイラスト、キャラクターデザインに従事する。5年間の勤務を経てフリーランスとして活動中。「mofpof（モフポフ）」を起ち上げ、作家活動も行っている。

本文デザイン　SPAIS
　　　　　　　（熊谷昭典　宇江喜桜）
　　　執筆　佐藤美智代
　　　編集　株式会社童夢
　　　協力　田代邦幸
　　　　　　（ミネルヴァベリタス株式会社）
　　　校正　株式会社ぷれす
　　　　　　株式会社みね工房

"今"からできる！　日常防災

監修者　永田宏和・公益財団法人 ボーイスカウト日本連盟
発行者　池田士文
印刷所　図書印刷株式会社
製本所　図書印刷株式会社
発行所　株式会社池田書店
　　　　〒162-0851　東京都新宿区弁天町43番地
　　　　電話03-3267-6821(代)／振替00120-9-60072

落丁・乱丁はおとりかえいたします。
©K.K.Ikedashoten 2019, Printed in Japan
ISBN 978-4-262-16036-8

本書のコピー、スキャン、デジタル化等の無断複製は著作権法上での例外を除き禁じられています。本書を代行業者等の第三者に依頼してスキャンやデジタル化することは、たとえ個人や家庭内での利用でも著作権法違反です。

20022008